EX LIBRIS

Weihnachten mit Thomas Mann

Herausgegeben von
Sascha Michel

Fischer Taschenbuch Verlag

Originalausgabe

Veröffentlicht im Fischer Taschenbuch Verlag,
einem Unternehmen der S. Fischer Verlag GmbH,
Frankfurt am Main, Oktober 2009

Satz: Dörlemann Satz, Lemförde
Druck und Bindung: CPI – Clausen & Bosse, Leck
Printed in Germany
ISBN 978-3-596-90219-4

Unsere Adressen im Internet:
www.fischerverlage.de
www.fischer-klassik.de

Inhalt

An Frieda L. Hartenstein

Lübeck d. 2 Januar 1890.

Liebes Fried!

(Bei der Anrede soll es bleiben.) Ich kann es doch nicht unterlassen, Ihnen, wenn auch etwas spät, meine herzlichsten Glückwünsche zum neuen Jahre darzubringen.

Sollten Sie sich nicht mehr in Ölznitz befinden, so wird Ihnen hoffendlich dieser Brief nachgesendet werden, und Sie werden die Güte haben mir Ihrige jetzige Adresse zu melden, damit ja unser Briefwechsel nicht aufgehoben wird.

Wir haben hier in Lübeck ein sehr fröhliges Weihnachtfest gehabt und erhielten alle schöne Geschenke sowohl von Mama und Papa, als auch von Großmama. Papa hatte allerdings Weihnachtsabend schon die Influenza, aber es war doch sehr schön. Hoffendlich waren Sie auch recht vergnügt Weihnachten!

Bekamen Sie auch Neujahr einen schriftlichen Glückwunsch vom Fridele? Wissen Sie! Mit 8 Siegeln. Fürstlich! Wir haben hier alle ein Wenig die Influenza gehabt, Gottlob dauert sie nie lange. Geht sie in Ölznitz auch um? Es wäre schade um das gesegnete Städchen! Ich lese jetz[t] immer sehr fleißig in Schillers Werken, welche ich zu Weihnachten bekam, und war eben gerade bei dem Gedicht: »Hecktors Abschied von Andromache«, da fiel mir der Abschied vor Ihrem Wagon ein an dem Morgen, wo Sie abfuhren. Das war doch wirklich eine dramatisch rührende Scene, alsob die guten Damen mit Schiller sagen wollten: »Hecktors Liebe stirbt im Lethe nicht!«

Sonnabend fängt die Schule wieder an. Denken Sie sich: Sonnabend! Welch ein Blöd!! Ich glaube jedoch ganz gut mit Arbeiten fertig zu werden. Aber jetzt will ich schließen, liebes Fried. Viele Grüße von Papa, Mama, Lula und Karla.

Gott erhalte sie so gesund, wie Sie hoffendlich sind

Ihr dankbarer
ToMann.

An Heinrich Mann

München, den 29. XII. 1900

Lieber Heinrich:

Herzlichen Dank für die beiden Bilder, das interessante Napoleon-Kupfer und den wunderschönen Murillo. Beides soll nett gerahmt werden und die Madonna sogar als Staffeleibild auf meinen Tisch kommen. Mir ist es gegangen, wie, glaub' ich, auch voriges Jahr: ich habe es schließlich aufgegeben, Dir was zu schicken. Denn was auch wohl? Von Italien aus ist gut Geschenke machen; aber die Frauentürme als Tinte- und Streusandfaß oder Ähnliches – das geht doch nicht gut.

Hast Du heil Weihnachten mit Hartungens verlebt? Bei uns war es ganz friedlich und hübsch; die Löhr'schen Herrschaften waren da, es gab gut zu essen, und daß ich aus dem fürchterlichen Handel mit Dr. von Staat so glimpflich davongekommen, stimmte mich weich und glücklich. Heute habe ich noch einmal Uniform getragen und bin als zur Zeit dienstuntauglich zur Disposition der Ersatzbehörde entlassen worden. Das bedeutet mutmaßlich, daß ich nächstes Jahr noch einmal vor der Ober-Ersatz-Commission zu erscheinen habe, was hoffentlich nicht viel mehr als eine Formalität ist, denn erstens bin ich ja schon ein ziemlich alter Herr und zweitens kann ich ja so viele Atteste »beibringen« wie die Herren nur wünschen.

[...]

Herzlich
Dein
T.

Weihnachten bei den Buddenbrooks

Die Sonntage aber und die Ferien verlebte Tony in der Mengstraße oder draußen bei den Großeltern. Welch Glück, wenn am Ostersonntag gutes Wetter war und man die Eier und Marzipanhasen in dem ungeheuren Krögerschen Garten suchen konnte! Welche Sommerferien an der See, wenn man im Kurhause wohnte, an der Table d'hôte speiste, badete und Esel ritt! Auch wurden in einigen Jahren, wenn der Konsul Geschäfte gemacht, Reisen von größerer Ausdehnung unternommen. Aber welch Weihnachtsfest, vor allem, mit drei Bescherungen: zu Hause, bei den Großeltern und bei Sesemi, woselbst an diesem Abend der Bischof in Strömen floß ... Am herrlichsten aber war dennoch der Weihnachtsabend zu Hause, denn der Konsul hielt darauf, daß das heilige Christfest mit Weihe, Glanz und Stimmung begangen ward. Wenn man in tiefer Feierlichkeit im Landschaftszimmer versammelt war, während die Dienstboten und allerlei alte und arme Leute, denen der Konsul die blauroten Hände drückte, sich in der Säulenhalle drängten, dann erscholl dort draußen vierstimmiger Gesang, den die Chorknaben der Marienkirche vollführten, und man bekam Herzklopfen, so festlich war es. Dann, während schon durch die Spalten der hohen, weißen Flügelthür der Tannenduft drang, verlas die Konsulin aus der alten Familienbibel mit den ungeheuerlichen Buchstaben langsam das Weihnachtskapitel, und war draußen noch ein Gesang verklungen, so stimmte man »O Tannebaum« an, während man sich in feierlichem Umzuge durch die Säulenhalle in den Saal begab, den weiten Saal mit den Statuen in der Tapete, wo der mit weißen Lilien geschmückte Baum flimmernd, leuchtend und duftend zur Decke ragte und die Geschenktafel von den Fenstern bis zur Thür reichte. Aber draußen, auf dem hartgefrorenen Schnee der Straßen musizierten die italienischen Drehorgelmänner, und vom Marktplatz scholl der Trubel des Weihnachtsmarktes herüber. Außer der kleinen Clara beteiligten sich auch die Kinder an dem späten Abendessen in der Säulenhalle, bei dem es Karpfen und gefüllten Puter in übergewaltigen Mengen gab …

*

Unter solchen Umständen kam diesmal das Weihnachtsfest heran, und der kleine Johann verfolgte mit Hülfe des Abreißkalenders, den Ida ihm angefertigt, und auf dessen letztem Blatte ein Tannenbaum gezeichnet war, pochenden Herzens das Nahen der unvergleichlichen Zeit.

Die Vorzeichen mehrten sich … Schon seit dem ersten Advent hing in Großmamas Eßsaal ein lebensgroßes, buntes Bild des Knecht Ruprecht an der Wand. Eines Morgens fand Hanno seine Bettdecke, die Bettvorlage und seine Kleider mit knisterndem Flittergold bestreut. Dann, wenige Tage später, nachmittags im Wohnzimmer, als Papa mit der Zeitung auf der Chaiselongue lag und Hanno grade in Gerocks »Palmblättern« das Gedicht von der Hexe zu Endor las, wurde wie alljährlich und doch auch diesmal ganz überraschender Weise ein »alter Mann« gemeldet, welcher »nach dem Kleinen frage«. Er wurde hereingebeten, dieser alte Mann, und kam schlürfenden Schrittes, in einem langen Pelze, dessen rauhe Seite nach außen gekehrt, und der mit Flittergold und Schneeflocken besetzt war, ebensolcher Mütze, schwarzen Zügen im Gesicht und einem ungeheuren weißen Barte, der wie die übernatürlich dicken Augenbrauen, mit glitzernder Lametta durchsetzt war. Er erklärte, wie jedes Jahr, mit eherner Stimme, daß *dieser* Sack – auf seiner linken Schulter – für gute Kinder, welche beten könnten, Äpfel und goldene Nüsse enthalte, daß aber andererseits *diese* Ruthe – auf seiner rechten Schulter – für die bösen Kinder bestimmt sei … Es war Knecht Ruprecht. Das heißt, natürlich nicht so ganz und vollkommen der Ächte und im Grunde vielleicht bloß Barbier Wenzel in Papas gewendetem Pelz; aber soweit ein Knecht Ruprecht überhaupt möglich, war er *Dies*, und Hanno sagte auch dieses

Jahr wieder, aufrichtig erschüttert und nur ein- oder zweimal von einem nervösen und halb unbewußten Aufschluchzen unterbrochen, sein Vaterunser her, worauf er einen Griff in den Sack für die guten Kinder thun durfte, den der alte Mann dann überhaupt wieder mit sich zu nehmen vergaß …

Es setzten die Ferien ein, und der Augenblick ging ziemlich glücklich vorüber, da Papa das Zeugnis las, das auch in der Weihnachtszeit notwendig ausgestellt werden mußte … Schon war der große Saal geheimnisvoll verschlossen, schon waren Marzipan und Braune Kuchen auf den Tisch gekommen, schon war es Weihnacht draußen in der Stadt. Schnee fiel, es kam Frost, und in der scharfen, klaren Luft erklangen durch die Straßen die geläufigen oder wehmütigen Melodien der italienischen Drehorgelmänner, die mit ihren Sammetjacken und schwarzen Schnurrbärten zum Feste herbeigekommen waren. In den Schaufenstern prangten die Weihnachtsausstellungen. Um den hohen gotischen Brunnen auf dem Marktplatze waren die bunten Belustigungen des Weihnachtsmarktes aufgeschlagen. Und wo man ging, atmete man mit dem Duft der zum Kauf gebotenen Tannenbäume das Aroma des Festes ein.

Dann endlich kam der Abend des dreiundzwanzigsten Dezembers heran und mit ihm die Bescheerung im Saale zu Haus, in der Fischergrube, eine Bescheerung im engsten Kreise, die nur ein Anfang, eine Eröffnung, ein Vorspiel war, denn den Heiligen Abend hielt die Konsulin fest in Besitz, und zwar für die ganze Familie, so daß am Spätnachmittage des Vierundzwanzigsten die gesamte Donnerstag-Tafelrunde, und dazu noch Jürgen Kröger aus Wismar, sowie Therese Weichbrodt mit Madame Kethelsen, im Landschaftszimmer zusammentrat.

In schwerer, grau und schwarz gestreifter Seide, mit geröteten Wangen und erhitzten Augen, in einem zarten Duft von Patschouli, empfing die alte Dame die nach und nach eintretenden Gäste, und bei den wortlosen Umarmungen klirrten ihre goldenen Armbänder leise. Sie war in unaussprechlicher stummer und zitternder Erregung an diesem Abend. »Mein Gott, du fieberst ja, Mutter!« sagte der Senator, als er mit Gerda und Hanno eintraf … »Alles kann doch ganz gemütlich vonstatten gehen.« Aber sie flüsterte, indem sie alle Drei küßte: »Zu Jesu Ehren … Und dann mein lieber seliger Jean …«

In der That, das weihevolle Programm, das der verstorbene Konsul für die Feierlichkeit festgesetzt hatte, mußte aufrecht erhalten werden, und das Gefühl ihrer Verantwortung für den würdigen Verlauf des Abends, der von der Stimmung einer tiefen, ernsten und inbrünstigen Fröhlichkeit erfüllt sein mußte, trieb sie rastlos hin und her – von der Säulenhalle, wo schon die Marien-Chorknaben sich versammelten, in den Eßsaal, wo Rieckchen Severin letzte Hand an den Baum und die Geschenktafel legte, hinaus auf den Korridor, wo scheu und verlegen einige fremde alte Leutchen umher standen, Hausarme, die ebenfalls an der Bescheerung teilnehmen sollten, und wieder ins Landschaftszimmer, wo sie mit einem stummen Seitenblick jedes überflüssige Wort und Geräusch strafte. Es war so still, daß man die Klänge einer entfernten Drehorgel vernahm, die zart und klar wie die einer Spieluhr aus irgend einer beschneiten Straße den Weg hierherfanden. Denn obgleich nun an zwanzig Menschen im Zimmer saßen und standen, war die Ruhe größer, als in einer Kirche, und die Stimmung gemahnte, wie der Senator ganz vorsichtig seinem Onkel Justus zuflüsterte, ein wenig an die eines Leichenbegängnisses.

Übrigens war kaum Gefahr vorhanden, diese Stimmung möchte durch einen Laut jugendlichen Übermutes zerrissen werden. Ein Blick hätte genügt, zu bemerken, daß fast alle Glieder der hier versammelten Familie in einem Alter standen, in welchem die Lebensäußerungen längst gesetzte Formen angenommen haben. Senator Thomas Buddenbrook, dessen Blässe den wachen, energischen und sogar humoristischen Ausdruck seines Gesichtes Lügen strafte; Gerda, seine Gattin, welche, unbeweglich in einen Sessel zurückgelehnt und das schöne weiße Gesicht nach oben gewandt, ihre nahe bei einander liegenden, bläulich umschatteten, seltsam schimmernden Augen von den flimmernden Glasprismen des Kronleuchters bannen ließ; seine Schwester, Frau Permaneder; Jürgen Kröger, sein Cousin, der stille, schlicht gekleidete Beamte; seine Cousinen Friederike, Henriette und Pfiffi, von denen die beiden ersteren noch magerer und länger geworden waren, und die letztere noch kleiner und beleibter erschien, als früher, denen aber ein stereotyper Gesichtsausdruck durchaus gemeinsam war, ein spitziges und übelwollendes Lächeln, das gegen alle Personen und Dinge mit einer allgemeinen medisanten Skepsis gerichtet war, als sagten sie beständig: »Wirklich? Das möchten wir denn doch fürs Erste noch bezweifeln« ...; schließlich die arme, aschgraue Klothhilde, deren Gedanken wohl direkt auf das Abendessen gerichtet waren: – sie Alle hatten die Vierzig überschritten, während die Hausherrin mit ihrem Bruder Justus und seiner Frau gleich der kleinen Therese Weichbrodt schon ziemlich weit über die Sechzig hinaus war, und die alte Konsulin Buddenbrook, geborene Stüwing, sowie die gänzlich taube Madame Kethelsen, sich schon in den Siebzigern befanden.

In der Blüte ihrer Jugend stand eigentlich nur Erika Weinschenk; aber wenn ihre hellblauen Augen – die Augen Herrn Grünlichs – zu ihrem Manne, dem Direktor, hinüberglitten, dessen geschorener, an den Schläfen ergrauter Kopf mit dem schmalen, in die Mundwinkel hineingewachsenen Schnurrbart sich dort neben dem Sofa von der idyllischen Tapetenlandschaft abhob, so konnte man bemerken, daß ihr voller Busen sich in lautlosem aber schwerem Atemzuge hob ... Ängstliche und wirre Gedanken an Usancen, Buchführung, Zeugen, Staatsanwalt, Verteidiger und Richter mochten sie bedrängen, ja, es war wohl Keiner im Zimmer, dem diese unweihnachtlichen Gedanken nicht im Sinne gelegen hätten. Der angeklagte Zustand von Frau Permaneders Schwiegersohn, das Bewußtsein der gesamten Familie von der Gegenwart eines Mitgliedes, das eines Verbrechens gegen die Gesetze, die bürgerliche Ordnung und die geschäftliche Ehrenhaftigkeit geziehen und vielleicht der Schande und dem Gefängnis verfallen war, gab der Versammlung ein vollständig fremdes, ungeheuerliches Gepräge. Ein Weihnachtsabend der Familie Buddenbrook mit einem Angeklagten in ihrer Mitte! Frau Permaneder lehnte sich mit strengerer Majestät in ihren Sessel zurück, das Lächeln der Damen Buddenbrook aus der Breitenstraße ward um noch eine Nüance spitziger …

Und die Kinder? Der ein wenig spärliche Nachwuchs? War auch er für das leis Schauerliche dieses so ganz neuen und ungekannten Umstandes empfänglich? Was die kleine Elisabeth betraf, so war es unmöglich, über ihren Gemütszustand zu urteilen. In einem Kleidchen, an dessen reichlicher Garnitur mit Atlasschleifen man Frau Permaneders Geschmack erkannte, saß das Kind auf dem Arm seiner Bonne, hielt seine Daumen in die winzigen Fäuste geklemmt, sog an seiner Zunge, blickte mit etwas hervortretenden Augen starr vor sich hin und ließ dann und wann einen kurzen, knarrenden Laut vernehmen, worauf das Mädchen es ein wenig schaukeln ließ. Hanno aber saß still auf seinem Schemel zu den Füßen seiner Mutter und blickte gerade wie sie zu einem Prisma des Kronleuchters empor …

Christian fehlte! Wo war Christian? Erst jetzt im letzten Augenblick bemerkte man, daß er noch nicht anwesend sei. Die Bewegungen der Konsulin, die eigentümliche Manipulation, mit der sie vom Mundwinkel zur Frisur hinaufzustreichen pflegte, als brächte sie ein hinabgefallenes Haar an seine Stelle zurück, wurden noch fieberhafter … Sie instruierte eilig Mamsell Severin, und die Jungfer begab sich an den Chorknaben vorbei durch die Säulenhalle, zwischen den Hausarmen hin über den Korridor und pochte an Herrn Buddenbrooks Thür.

Gleich darauf erschien Christian. Er kam mit seinen mageren, krummen Beinen, die seit dem Gelenkrheumatismus etwas lahmten, ganz gemächlich ins Landschaftszimmer, indem er sich mit der Hand die kahle Stirne rieb.

»Donnerwetter, Kinder«, sagte er, »das hätte ich beinahe vergessen!«

»Du hättest es …« wiederholte seine Mutter und erstarrte …

»Ja, beinah vergessen, daß heut' Weihnacht ist … Ich saß und las … in einem Buch, einem Reisebuch über Südamerika … Du lieber Gott, ich habe schon andere Weihnachten gehabt …« fügte er hinzu und war soeben im Begriff, mit der Erzählung von einem Heiligen Abend anzufangen, den er zu London in einem Tingel-Tangel fünfter Ordnung verlebt, als plötzlich die im Zimmer herrschende Kirchenstille auf ihn zu wirken begann, so daß er mit krausgezogener Nase und auf den Zehenspitzen zu seinem Platze ging.

»Tochter Zion, freue dich!« sangen die Chorknaben, und sie, die eben noch da draußen so hörbare Allotria getrieben, daß der Senator sich einen Augenblick an die Thür hatte stellen müssen, um ihnen Respekt einzuflößen, – sie sangen nun ganz wunderschön. Diese hellen Stimmen, die sich, getragen von den tieferen Organen, rein, jubelnd und lobpreisend aufschwangen, zogen Aller Herzen mit sich empor, ließen das Lächeln der alten Jungfern milder werden und machten, daß die alten Leute in sich hineinsahen und ihr Leben überdachten, während Die, welche mitten im Leben standen, ein Weilchen ihrer Sorgen vergaßen.

Hanno ließ sein Knie los, das er bislang umschlungen gehalten hatte. Er sah ganz blaß aus, spielte mit den Fransen seines Schemels und scheuerte seine Zunge an einem Zahn, mit halbgeöffnetem Munde und einem Gesichtsausdruck, als fröre ihn. Dann und wann empfand er das Bedürfnis, tief aufzuatmen, denn jetzt, da der Gesang, dieser glockenreine a capella-Gesang die Luft erfüllte, zog sein Herz sich in einem fast schmerzhaften Glück zusammen. Weihnachten … Durch die Spalten der hohen, weißlackierten, noch fest geschlossenen Flügelthür drang der Tannenduft und erweckte mit seiner süßen Würze die Vorstellung der Wunder dort drinnen im Saale, die man jedes Jahr aufs Neue mit pochenden Pulsen als eine unfaßbare, unirdische Pracht erharrte … Was würde dort drinnen für ihn sein? Das, was er sich gewünscht hatte, natürlich, denn das bekam man ohne Frage, gesetzt, daß es einem nicht als eine Unmöglichkeit zuvor schon ausgeredet worden war. Das Theater würde ihm gleich in die Augen springen und ihm den Weg zu seinem Platze weisen müssen, das ersehnte Puppentheater, das dem Wunschzettel für Großmama stark unterstrichen zu Häupten gestanden hatte, und das seit dem »Fidelio« beinahe sein einziger Gedanke gewesen war.

Ja, als Entschädigung und Belohnung für einen Besuch bei Herrn Brecht hatte Hanno kürzlich zum ersten Male das Theater besucht, das Stadt-Theater, wo er im ersten Range an der Seite seiner Mutter atemlos den Klängen und Vorgängen des »Fidelio« hatte folgen dürfen. Seitdem träumte er nichts als Opernscenen, und eine Leidenschaft für die Bühne erfüllte ihn, die ihn kaum schlafen ließ. Mit unaussprechlichem Neide betrachtete er auf der Straße die Leute, die, wie ja auch sein Onkel Christian, als Theater-Habitués bekannt waren, Konsul Döhlmann, Makler Gosch ... War das Glück ertragbar, wie sie fast jeden Abend dort anwesend sein zu dürfen? Könnte er nur einmal in der Woche vor Beginn der Aufführung einen Blick in den Saal thun, das Stimmen der Instrumente hören und ein wenig den geschlossenen Vorhang ansehen! Denn er liebte Alles im Theater: den Gasgeruch, die Sitze, die Musiker, den Vorhang ...

Wird sein Puppentheater groß sein? Groß und breit? Wie wird der Vorhang aussehen? Man muß baldmöglichst ein kleines Loch hineinschneiden, denn auch im Vorhang des Stadt-Theaters war ein Guckloch ... Ob Großmama oder Mamsell Severin – denn Großmama konnte nicht Alles besorgen – die nötigen Dekorationen zum »Fidelio« gefunden hatte? Gleich morgen wird er sich irgendwo einschließen und ganz allein eine Vorstellung geben ... Und schon ließ er seine Figuren im Geiste singen; denn die Musik hatte sich ihm mit dem Theater sofort aufs Engste verbunden ...

»Jauchze laut, Jerusalem!« schlossen die Chorknaben, und die Stimmen, die fugenartig neben einander her gegangen waren, fanden sich in der letzten Silbe friedlich und freudig zusammen. Der klare Accord verhallte, und tiefe Stille legte sich über Säulenhalle und Landschaftszimmer. Die Mitglieder der Familie blickten unter dem Drucke der Pause vor sich nieder; nur Direktor Weinschenks Augen schweiften keck und unbefangen umher, und Frau Permaneder ließ ihr trocknes Räuspern vernehmen, das ununterdrückbar war. Die Konsulin aber schritt langsam zum Tische und setzte sich inmitten ihrer Angehörigen auf das Sofa, das nun nicht mehr wie in alter Zeit unabhängig und abgesondert vom Tische da stand. Sie rückte die Lampe zurecht und zog die große Bibel heran, deren altersbleiche Goldschnittfläche ungeheuerlich breit war. Dann schob sie die Brille auf die Nase, öffnete die beiden ledernen Spangen, mit denen das kolossale Buch geschlossen war, schlug dort auf, wo das Zeichen lag, daß das dicke, rauhe, gelbliche Papier mit dem übergroßen Druck zum Vorschein kam, nahm einen Schluck Zuckerwasser und begann, das Weihnachtskapitel zu lesen.

Sie las die altvertrauten Worte langsam und mit einfacher, zu Herzen gehender Betonung, mit einer Stimme, die sich klar, bewegt und heiter von der andächtigen Stille abhob. »Und den Menschen ein Wohlgefallen!« sagte sie. Kaum aber schwieg sie, so erklang in der Säulenhalle dreistimmig das »Stille Nacht, heilige Nacht«, in das die Familie im Landschaftszimmer einstimmte. Man ging ein wenig vorsichtig zu Werke dabei, denn die Meisten der Anwesenden waren unmusikalisch, und hie und da vernahm man in dem Ensemble einen tiefen und ganz ungehörigen Ton ... Aber das beeinträchtigte nicht die Wirkung dieses Liedes ... Frau Permaneder sang es mit bebenden Lippen, denn am süßesten und schmerzlichsten rührt es an Dessen Herz, der ein bewegtes Leben hinter sich hat und im kurzen Frieden der Feierstunde Rückblick hält ... Madame Kethelsen weinte still und bitterlich, obgleich sie von Allem fast nichts vernahm.

Und dann erhob sich die Konsulin. Sie ergriff die Hand ihres Enkels Johann und die ihrer Urenkelin Elisabeth und schritt durch das Zimmer. Die alten Herrschaften schlossen sich an, die jüngeren folgten, in der Säulenhalle gesellten sich die Dienstboten und die Hausarmen hinzu, und während Alles einmütig »O Tannebaum« anstimmte und Onkel Christian vorn die Kinder zum Lachen brachte, indem er beim Marschieren die Beine hob wie ein Hampelmann und alberner Weise »O Tantebaum« sang, zog man mit geblendeten Augen und ein Lächeln auf dem Gesicht durch die weit geöffnete hohe Flügelthür direkt in den Himmel hinein.

Der ganze Saal, erfüllt von dem Dufte angesengter Tannenzweige, leuchtete und glitzerte von unzähligen kleinen Flammen, und das Himmelblau der Tapete mit ihren weißen Götterstatuen ließ den großen Raum noch heller erscheinen. Die Flämmchen der Kerzen, die dort hinten zwischen den dunkelrot verhängten Fenstern den gewaltigen Tannenbaum bedeckten, welcher, geschmückt mit Silberflittern und großen, weißen Lilien, einen schimmernden Engel an seiner Spitze und ein plastisches Krippen-Arrangement zu seinen Füßen, fast bis zur Decke emporragte, flimmerten in der allgemeinen Lichtflut wie ferne Sterne. Denn auf der weißgedeckten Tafel, die sich lang und breit, mit den Geschenken beladen, von den Fenstern fast bis zur Thüre zog, setzte sich eine Reihe kleinerer, mit Konfekt behängter Bäume fort, die ebenfalls von brennenden Wachslichtchen erstrahlten. Und es brannten die Gasarme, die aus den Wänden hervorkamen, und es brannten die dicken Kerzen auf den vergoldeten Kandelabern in allen vier Winkeln. Große Gegenstände, Geschenke, die auf der Tafel nicht Platz hatten, standen neben einander auf dem Fußboden. Kleinere Tische, ebenfalls weiß gedeckt, mit Gaben belegt und mit brennenden Bäumchen geschmückt, befanden sich zu den Seiten der beiden Thüren: Das waren die Bescheerungen der Dienstboten und der Hausarmen.

Singend, geblendet und dem altvertrauten Raume ganz entfremdet umschritt man einmal den Saal, defilierte an der Krippe vorbei, in der ein wächsernes Jesuskind das Kreuzeszeichen zu machen schien, und blieb dann, nachdem man Blick für die einzelnen Gegenstände bekommen hatte, verstummend an seinem Platze stehen.

Hanno war vollständig verwirrt. Bald nach dem Eintritt hatten seine fieberhaft suchenden Augen das Theater erblickt … ein Theater, das, wie es dort oben auf dem Tische prangte, von so extremer Größe und Breite erschien, wie er es sich vorzustellen niemals erkühnt hatte. Aber sein Platz hatte gewechselt, er befand sich an einer der vorjährigen entgegengesetzten Stelle, und dies bewirkte, daß Hanno in seiner Verblüffung ernstlich daran zweifelte, ob dies fabelhafte Theater für ihn bestimmt sei. Hinzu kam, daß zu den Füßen der Bühne, auf dem Boden, etwas Großes, Fremdes aufgestellt war, etwas, was nicht auf seinem Wunschzettel gestanden hatte, ein Möbel, ein komodenartiger Gegenstand ... war er für ihn?

»Komm her, Kind, und sieh dir dies an«, sagte die Konsulin und öffnete den Deckel. »Ich weiß, du spielst gern Choräle ... Herr Pfuhl wird dir die nötigen Anweisungen geben ... Man muß immer treten ... manchmal schwächer und manchmal stärker ... und dann die Hände nicht aufheben, sondern immer nur so peu à peu die Finger wechseln ...«

Es war ein Harmonium, ein kleines, hübsches Harmonium, braun poliert, mit Metallgriffen an beiden Seiten, bunten Tretbälgen und einem zierlichen Drehsessel. Hanno griff einen Accord ... ein sanfter Orgelklang löste sich los und ließ die Umstehenden von ihren Geschenken aufblicken ... Hanno umarmte seine Großmutter, die ihn zärtlich an sich preßte und ihn dann verließ, um die Danksagungen der Anderen entgegenzunehmen.

Er wandte sich dem Theater zu. Das Harmonium war ein überwältigender Traum, aber er hatte doch fürs Erste noch keine Zeit, sich näher damit zu beschäftigen. Es war der Überfluß des Glückes, in dem man, undankbar gegen das Einzelne, Alles nur flüchtig berührt, um erst einmal das Ganze übersehen zu lernen ... Oh, ein Souffleurkasten war da, ein muschelförmiger Souffleurkasten, hinter dem breit und majestätisch in Rot und Gold der Vorhang emporrollte. Auf der Bühne war die Dekoration des letzten Fidelio-Aktes aufgestellt. Die armen Gefangenen falteten die Hände. Don Pizarro, mit gewaltig gepufften Ärmeln, verharrte irgendwo in fürchterlicher Attitüde. Und von hinten nahte im Geschwindschritt und ganz in schwarzem Sammet der Minister, um Alles zum Besten zu kehren. Es war wie im

Stadt-Theater und beinahe noch schöner. In Hannos Ohren widerhallte der Jubelchor, das Finale, und er setzte sich vor das Harmonium, um ein Stückchen daraus, das er behalten, zum Erklingen zu bringen ... Aber er stand wieder auf, um das Buch zur Hand zu nehmen, das erwünschte Buch der griechischen Mythologie, das ganz rot gebunden war und eine goldene Pallas Athene auf dem Deckel trug. Er aß von seinem Teller mit Konfekt, Marzipan und Braunen Kuchen, musterte die kleineren Dinge, die Schreibutensilien und Schulhefte und vergaß einen Augenblick alles Übrige über einem Federhalter, an dem sich irgendwo ein winziges Glaskörnchen befand, das man nur vors Auge zu halten brauchte, um wie durch Zauberspiel eine weite Schweizerlandschaft vor sich zu sehen ...

Jetzt gingen Mamsell Severin und das Folgmädchen mit Thee und Biscuits umher, und während Hanno eintauchte, fand er ein wenig Muße, von seinem Platze aufzusehen. Man stand an der Tafel oder ging daran hin und her, plauderte und lachte, indem man einander die Geschenke zeigte und die des Anderen bewunderte. Es gab da Gegenstände aus allen Stoffen: aus Porzellan, aus Nickel, aus Silber, aus Gold, aus Holz, Seide und Tuch. Große, mit Mandeln und Succade symmetrisch besetzte Braune Kuchen lagen abwechselnd mit massiven Marzipanbroten, die innen naß waren vor Frische, in langer Reihe auf dem Tische. Diejenigen Geschenke, die Frau Permaneder angefertigt oder dekoriert hatte, ein Arbeitsbeutel, ein Untersatz für Blattpflanzen, ein Fußkissen, waren mit großen Atlasschleifen geziert.

Dann und wann besuchte man den kleinen Johann, legte den Arm um seinen Matrosenkragen und nahm seine Geschenke mit der ironisch übertriebenen Bewunderung in Augenschein, mit der man die Herrlichkeiten der Kinder zu bestaunen pflegt. Nur Onkel Christian wußte nichts von diesem Erwachsenen-Hochmut, und seine Freude an dem Puppentheater, als er, einen Brillantring am Finger, den er von seiner Mutter bescheert bekommen hatte, an Hannos Platz vorüberschlenderte, unterschied sich gar nicht von der seines Neffen.

»Donnerwetter, das ist drollig!« sagte er, indem er den Vorhang auf und nieder zog und einen Schritt zurücktrat, um das scenische Bild zu betrachten. »Hast du dir das gewünscht? – So, das hast du dir also gewünscht«, sagte er plötzlich, nachdem er eine Weile mit sonderbarem Ernst und voll unruhiger Gedanken seine Augen hatte wandern lassen. »Warum? Wie kommst du auf den Gedanken? Bist du schon mal im Theater gewesen? ... Im Fidelio? Ja, das wird gut gegeben ... Und nun willst du das nachmachen, wie? nachahmen, selbst Opern aufführen? ... Hat es solchen Eindruck auf dich gemacht? ... Hör' mal, Kind, laß dir raten, hänge deine Gedanken nur nicht zu sehr an solche Sachen ... Theater ... und sowas ... Das taugt nichts, glaube deinem Onkel. Ich habe mich auch immer viel zu sehr für diese Dinge interessiert, und darum ist auch nicht viel aus mir geworden. Ich habe große Fehler begangen, mußt du wissen ...«

Er hielt das seinem Neffen ernst und eindringlich vor, während Hanno neugierig zu ihm aufsah. Dann jedoch, nach einer Pause, während welcher in Betrachtung des Theaters sein knochiges und verfallenes Gesicht sich aufhellte, ließ er plötzlich eine Figur sich auf der Bühne vorwärts bewegen und sang mit hohl krächzender und tremolierender Stimme: »Ha, welch gräßliches Verbrechen!« worauf er den Sessel des Harmoniums vor das Theater schob, sich setzte und eine Oper aufzuführen begann, indem er, singend und gestikulierend, abwechselnd die Bewegungen des Kapellmeisters und der agierenden Personen vollführte. Hinter seinem Rücken versammelten sich mehrere Familienglieder, lachten, schüttelten den Kopf und amüsierten sich. Hanno sah ihm mit aufrichtigem Vergnügen zu. Nach einer Weile aber, ganz überraschend, brach Christian ab. Er verstummte, ein unruhiger Ernst überflog sein Gesicht, er strich mit der Hand über seinen Schädel und an seiner linken Seite hinab und wandte sich dann mit krauser Nase und sorgenvoller Miene zum Publikum.

»Ja, seht ihr, nun ist es wieder aus«, sagte er; »nun kommt wieder die Strafe. Es rächt sich immer gleich, wenn ich mir mal einen Spaß erlaube. Es ist kein Schmerz, wißt ihr, es ist eine Qual … eine unbestimmte Qual, weil hier alle Nerven zu kurz sind. Sie sind ganz einfach alle zu kurz …«

Aber die Verwandten nahmen diese Klagen ebenso wenig ernst wie seine Späße und antworteten kaum. Sie zerstreuten sich gleichgültig, und so saß denn Christian noch eine Zeit lang stumm vor dem Theater, betrachtete es mit schnellem und gedankenvollem Blinzeln und erhob sich dann.

»Na, Kind, amüsiere dich damit«, sagte er, indem er über Hannos Haar strich. »Aber nicht zu viel … und vergiß deine ernsten Arbeiten nicht darüber, hörst du? Ich habe viele Fehler gemacht … Jetzt will ich aber in den Klub … Ich gehe ein bißchen in den Klub!« rief er den Erwachsenen zu. »Da feiern sie auch Weihnachten heut. Auf Wiedersehn.« Und mit steifen, krummen Beinen ging er durch die Säulenhalle von dannen.

Alle hatten heute früher als sonst zu Mittag gegessen und sich daher mit Thee und Biscuits ausgiebig bedient. Aber man war kaum damit fertig, als große Krystallschüsseln mit einem gelben, körnigen Brei zum Imbiß herumgereicht wurden. Es war Mandel-Crême, ein Gemisch aus Eiern, geriebenen Mandeln und Rosenwasser, das ganz wundervoll schmeckte, das aber, nahm man ein Löffelchen zu viel, die furchtbarsten Magenbeschwerden verursachte. Dennoch, und obgleich die Konsulin bat, für das Abendbrot »ein kleines Loch offen zu lassen«, that man sich keinen Zwang an. Was Klothhilde betraf, so vollführte sie Wunderdinge. Still und dankbar löffelte sie die Mandel-Crême, als wäre es Buchweizengrütze. Zur Erfrischung gab es auch Weingelee in Gläsern, wozu englischer Plumkake gegessen wurde. Nach und nach zog man sich ins Landschaftszimmer hinüber und gruppierte sich mit den Tellern um den Tisch.

Hanno blieb allein im Saale zurück, denn die kleine Elisabeth Weinschenk war nach Hause gebracht worden, während er dieses Jahr zum ersten Male zum Abendessen in der Mengstraße bleiben durfte, die Dienstmädchen und die Hausarmen hatten sich mit ihren Geschenken zurückgezogen, und Ida Jungmann plauderte in der Säulenhalle mit Rieckchen Severin, obgleich sie, als Erzieherin, der Jungfer gegenüber gewöhnlich eine strenge gesellschaftliche Distanz innehielt. Die Lichte des großen Baumes waren herabgebrannt und ausgelöscht, so daß die Krippe nun im Dunkel lag; aber einzelne Kerzen an den kleinen Bäumen auf der Tafel brannten noch, und hie und da geriet ein Zweig in den Bereich eines Flämmchens, sengte knisternd an und verstärkte den Duft, der im Saale herrschte. Jeder Lufthauch, der die Bäume berührte, ließ die Stücke Flittergoldes, die daran befestigt waren, mit einem zart metallischen Geräusch erschauern. Es war nun wieder still genug, die leisen Drehorgelklänge zu vernehmen, die von einer fernen Straße durch den kalten Abend daherkamen.

Hanno genoß die weihnachtlichen Düfte und Laute mit Hingebung. Er las, den Kopf in die Hand gestützt, in seinem Mythologiebuch, aß mechanisch und weil es zur Sache gehörte, Konfekt, Marzipan, Mandel-Crême und Plumkake, und die ängstliche Beklommenheit, die ein überfüllter Magen verursacht, vermischte sich mit der süßen Erregung des Abends zu einer wehmütigen Glückseligkeit. Er las von den Kämpfen, die Zeus zu bestehen hatte, um zur Herrschaft zu gelangen, und horchte dann und wann einen Augenblick ins Wohnzimmer hinüber, wo man Tante Klothhildens Zukunft eingehend besprach.

Klothhilde war weitaus die Glücklichste von Allen an diesem Abend, und nahm die Gratulationen und Neckereien, die ihr von allen Seiten zu teil wurden, mit einem Lächeln entgegen, das ihr aschgraues Gesicht verklärte; ihre Stimme brach sich beim Sprechen vor freudiger Bewegung. – Sie war in das »Johanniskloster« aufgenommen worden. Der Senator hatte ihr die Aufnahme unter der Hand im Verwaltungsrat erwirkt, obgleich gewisse Herren heimlich über Nepotismus gemurrt hatten. Man unterhielt sich über diese dankenswerte Institution, die den adeligen Damenklöstern in Mecklenburg, Dobberthien und Ribnitz, entsprach, und die würdige Altersversorgung mittelloser Mädchen aus verdienter und alteingesessener Familie bezweckte. Der armen Klothhilde war nun zu einer kleinen aber sicheren Rente verholfen, die sich mit den Jahren steigern würde, und, für ihr Alter, wenn sie in die höchste Klasse aufgerückt sein würde, sogar zu einer friedlichen und reinlichen Wohnung im Kloster selbst …

Der kleine Johann verweilte ein wenig bei den Erwachsenen aber er kehrte bald in den Saal zurück, der nun, da er weniger licht erstrahlte und mit seiner Herrlichkeit keine so verblüffte Scheu mehr hervorrief wie anfangs, einen Reiz von neuer Art ausübte. Es war ein ganz seltsames Vergnügen, wie auf einer halbdunklen Bühne nach Schluß der Vorstellung darin umherzustreifen und ein wenig hinter die Coulissen zu sehen: die Lilien des großen Tannenbaumes mit ihren goldnen Staubfäden aus der Nähe zu betrachten, die Tier- und Menschenfiguren des Krippenaufbaus in die Hand zu nehmen, die Kerze ausfindig zu machen, die den transparenten Stern über Bethlehems Stall hatte leuchten lassen, und das lang herabhängende Tafeltuch zu lüften, um der Menge von Kartons und Packpapieren gewahr zu werden, die unter dem Tisch aufgestapelt waren.

Auch gestaltete sich die Unterhaltung im Landschaftszimmer immer weniger anziehend. Mit unentrinnbarer Notwendigkeit war allmählich die eine, unheimliche Angelegenheit Gegenstand des Gespräches geworden, über die man bislang dem festlichen Abend zu Ehren geschwiegen, die aber fast keinen Augenblick aufgehört hatte, alle Gemüter zu beschäftigen: Direktor Weinschenks Prozeß. Hugo Weinschenk selbst hielt Vortrag darüber, mit einer gewissen wilden Munterkeit in Miene und Bewegungen. Er berichtete über Einzelheiten der nun durch das Fest unterbrochenen Zeugenvernehmung, tadelte lebhaft die allzu bemerkbare Voreingenommenheit des Präsidenten Doktor Philander und kritisierte mit souveränem Spott den höhnischen Ton, den der Staatsanwalt Doktor Hagenström gegen ihn und die Entlastungszeugen anzuwenden für passend erachte. Übrigens habe Breslauer verschiedene belastende Aussagen sehr witzig entkräftet und ihn aufs Bestimmteste versichert, daß an eine

Verurteilung vorläufig gar nicht zu denken sei. – Der Senator warf hie und da aus Höflichkeit eine Frage ein, und Frau Permaneder, die mit emporgezogenen Schultern auf dem Sofa saß, murmelte manchmal einen furchtbaren Fluch gegen Moritz Hagenström. Die Übrigen aber schwiegen. Sie schwiegen so tief, daß auch der Direktor allmählich verstummte; und während drüben im Saale dem kleinen Hanno die Zeit schnell wie im Himmelreiche verging, lagerte im Landschaftszimmer eine schwere, beklommene, ängstliche Stille, die noch fortherrschte, als um halb 9 Uhr Christian aus dem Klub, von der Weihnachtsfeier der Junggesellen und Suitiers zurückkehrte.

Ein erkalteter Cigarrenstummel stak zwischen seinen Lippen, und seine hageren Wangen waren gerötet. Er kam durch den Saal und sagte, als er ins Landschaftszimmer trat:

»Kinder, der Saal ist doch wunderhübsch! Weinschenk, wir hätten heute eigentlich Breslauer mitbringen sollen; sowas hat er sicher noch gar nicht gesehen.«

Ein stiller, strafender Seitenblick traf ihn aus den Augen der Konsulin. Er erwiderte ihn mit unbefangener und verständnislos fragender Miene. – Um neun Uhr ging man zu Tische.

Wie alljährlich an diesem Abend war in der Säulenhalle gedeckt worden. Die Konsulin sprach mit herzlichem Ausdruck das hergebrachte Tischgebet:

»Komm, Herr Jesus, sei unser Gast
Und segne, was Du uns bescheret hast.«

woran sie, wie an diesem Abend ebenfalls üblich, eine kleine, mahnende Ansprache schloß, die hauptsächlich aufforderte, Aller Derer zu gedenken, die es an diesem heiligen Abend nicht so gut hätten, wie die Familie Buddenbrook … Und als dies erledigt war, setzte man sich mit gutem Gewissen zu einer nachhaltigen Mahlzeit nieder, die alsbald mit Karpfen in aufgelöster Butter und mit altem Rheinwein ihren Anfang nahm.

Der Senator schob ein paar Schuppen des Fisches in sein

Portemonnaie, damit während des ganzen Jahres das Geld nicht darin ausgehe; Christian aber bemerkte trübe, das helfe ja doch nichts, und Konsul Kröger entschlug sich solcher Vorsichtsmaßregeln, da er ja keine Kursschwankungen mehr zu fürchten habe und mit seinen anderthalb Schillingen längst im Hafen sei. Der alte Herr saß möglichst weit entfernt von seiner Frau, mit der er seit Jahr und Tag beinahe kein Wort mehr sprach, weil sie nicht aufhörte, dem enterbten Jakob, der in London, Paris oder Amerika – nur sie wußte Das bestimmt – sein entwurzeltes Abenteurerleben führte, heimlich Geld zufließen zu lassen. Er runzelte finster die Stirn, als beim zweiten Gange sich das Gespräch den abwesenden Familienmitgliedern zuwandte und als er sah, wie die schwache Mutter sich die Augen trocknete. Man erwähnte Die in Frankfurt und Die in Hamburg, man gedachte auch ohne Übelwollen des Pastors Tiburtius in Riga, und der Senator stieß in aller Stille mit seiner Schwester Tony auf die Gesundheit der Herren Grünlich und Permaneder an, die in gewissem Sinne doch auch dazu gehörten …

Der Puter, gefüllt mit einem Brei von Maronen, Rosinen und Äpfeln fand das allgemeine Lob. Vergleiche mit denen früherer Jahre wurden angestellt, und es ergab sich, daß dieser seit langer Zeit der größte war. Es gab gebratene Kartoffeln, zweierlei Gemüse und zweierlei Kompot dazu, und die kreisenden Schüsseln enthielten Portionen, als ob es sich bei jeder einzelnen von ihnen nicht um eine Beigabe und Zuthat, sondern um das Hauptgericht handelte, an dem Alle sich sättigen sollten. Es wurde alter Rotwein von der Firma Möllendorpf getrunken.

Der kleine Johann saß zwischen seinen Eltern und verstaute mit Mühe ein weißes Stück Brustfleisch nebst Farce in seinem Magen. Er konnte nicht mehr soviel essen wie Tante Thilda, sondern fühlte sich müde und nicht sehr wohl; er war nur stolz darauf, daß er mit den Erwachsenen tafeln durfte, daß auch auf *seiner* kunstvoll gefalteten Serviette eins von diesen köstlichen, mit Mohn bestreuten Milchbrötchen gelegen hatte, daß auch vor *ihm* drei Weingläser standen, während er sonst aus dem kleinen, goldenen Becher, dem Patengeschenk Onkel Krögers zu trinken pflegte ... Aber als dann, während Onkel Justus einen ölgelben, griechischen Wein in die kleinsten Gläser zu schenken begann, die Eisbaisers erschienen – rote, weiße und braune – wurde auch sein Appetit wieder rege. Er verzehrte, obgleich es ihm fast unerträglich weh an den Zähnen that, ein rotes, dann die Hälfte eines weißen, mußte schließlich doch auch von den braunen, mit Chokolade-Eis gefüllten, ein Stück probieren, knusperte Waffeln dazu, nippte an dem süßen Wein und hörte auf Onkel Christian, der ins Reden gekommen war.

Er erzählte von der Weihnachtsfeier im Klub, die sehr fidel gewesen sei. »Du lieber Gott!« sagte er in jenem Tone, in dem er von Johnny Thunderstorm zu sprechen pflegte. »Die Kerls tranken Schwedischen Punsch wie Wasser!«

»Pfui«, bemerkte die Konsulin kurz und schlug die Augen nieder.

Aber er beachtete das nicht. Seine Augen begannen zu wandern, und Gedanken und Erinnerungen waren so lebendig in ihm, daß sie wie Schatten über sein hageres Gesicht huschten.

»Weiß Jemand von euch«, fragte er, »wie es ist, wenn man zu viel Schwedischen Punsch getrunken hat? Ich meine nicht die Betrunkenheit, sondern das, was am nächsten Tage kommt, die Folgen ... sie sind sonderbar und widerlich ... ja, sonderbar und widerlich zu gleicher Zeit.«

»Grund genug, sie genau zu beschreiben«, sagte der Senator.

»Assez, Christian, dies interessiert uns durchaus nicht«, sagte die Konsulin.

Aber er überhörte es. Es war seine Eigentümlichkeit, daß in solchen Augenblicken keine Einrede zu ihm drang. Er schwieg eine Weile, und dann plötzlich schien Das, was ihn bewegte, zur Mitteilung reif zu sein.

»Du gehst umher und fühlst dich übel«, sagte er und wandte sich mit krauser Nase an seinen Bruder. »Kopfschmerzen und unordentliche Eingeweide ... nun ja, das giebt es auch bei anderen Gelegenheiten. Aber du fühlst dich *schmutzig* –« und Christian rieb mit gänzlich verzerrtem Gesicht seine Hände – »du fühlst dich schmutzig und ungewaschen am ganzen Körper. Du wäschst deine Hände, aber es nützt nichts, sie fühlen sich feucht und unsauber an, und deine Nägel haben etwas Fettiges ... Du badest dich, aber es hilft nichts, dein ganzer Körper scheint dir klebrig und unrein. Dein ganzer Körper ärgert dich, reizt dich, du bist dir selbst zum Ekel ... Kennst du es, Thomas, kennst du es?«

»Ja, ja!« sagte der Senator mit abwehrender Handbewegung. Aber mit der seltsamen Taktlosigkeit, die mit den Jahren immer mehr an Christian hervortrat und ihn nicht daran denken ließ, daß diese Auseinandersetzung von der ganzen Tafelrunde peinlich empfunden wurde, daß sie in dieser Umgebung und an diesem Abend nicht am Platze war, fuhr er fort, den üblen Zustand nach übermäßigem Genuß von Schwedischem Punsch zu schildern, bis er glaubte, ihn erschöpfend charakterisiert zu haben und allmählich verstummte.

Bevor man zu Butter und Käse überging, ergriff die Konsulin noch einmal das Wort zu einer kleinen Ansprache an die Ihrigen. Wenn auch nicht Alles, sagte sie, im Laufe der Jahre sich so gestaltet habe, wie man es kurzsichtig und unweise erwünscht habe, so bleibe doch immer noch übergenug des sichtbarlichen Segens übrig, um die Herzen mit Dank zu erfüllen. Gerade der Wechsel von Glück und strenger Heimsuchung zeige, daß Gott seine Hand niemals von der Familie gezogen, sondern daß er ihre Geschicke nach tiefen und weisen Absichten gelenkt habe und lenke, die ungeduldig ergründen zu wollen man sich nicht erkühnen dürfe. Und nun wolle man, mit hoffendem Herzen, einträchtig anstoßen auf das Wohl der Familie, auf ihre Zukunft, jene Zukunft, die da sein werde, wenn die Alten und Älteren unter den Anwesenden längst in kühler Erde ruhen würden ... auf die Kinder, denen das heutige Fest ja recht eigentlich gehöre ...

Und da Direktor Weinschenks Töchterchen nicht mehr anwesend war, mußte der kleine Johann, während die Großen auch unter einander sich zutranken, allein einen Umzug um die

Tafel halten, um mit Allen, von der Großmutter bis zu Mamsell Severin hinab, anzustoßen. Als er zu seinem Vater kam, hob der Senator, indem er sein Glas dem des Kindes näherte, sanft Hannos Kinn empor, um ihm in die Augen zu sehen … Er fand nicht seinen Blick; denn Hannos lange, goldbraune Wimpern hatten sich tief, tief, bis auf die zart bläuliche Umschattung seiner Augen gesenkt.

Therese Weichbrodt aber ergriff seinen Kopf mit beiden Händen, küßte ihn mit leise knallendem Geräusch auf jede Wange und sagte mit einer Betonung, so herzlich, daß Gott ihr nicht widerstehen konnte:

»Sei glöcklich, du gutes Kend!«

– Eine Stunde später lag Hanno in seinem Bett, das jetzt in dem Vorzimmer stand, welches man vom Korridor der zweiten Etage aus betrat, und an das zur Linken das Ankleidekabinet des Senators stieß. Er lag auf dem Rücken, aus Rücksicht auf seinen Magen, der sich mit all Dem, was er im Laufe des Abends hatte in Empfang nehmen müssen, noch keineswegs ausgesöhnt hatte, und sah mit erregten Augen der guten Ida entgegen, die, schon in der Nachtjacke, aus ihrem Zimmer kam und mit einem Wasserglase vor sich in der Luft umrührende Kreisbewegungen beschrieb. Er trank das kohlensaure Natron rasch aus, schnitt eine Grimasse und ließ sich wieder zurückfallen.

»Ich glaube, nun muß ich mich erst recht übergeben, Ida.«

»Ach wo, Hannochen. Nur still auf dem Rücken liegen … Aber siehst du wohl? Wer hat dir mehrmals zugewinkt? Und wer nicht folgen wollt', war das Jungchen …«

»Ja, ja, vielleicht geht es auch gut … Wann kommen die Sachen, Ida?«

»Morgen früh, mein Jungchen.«

»Daß sie hier hereingesetzt werden! Daß ich sie gleich habe!«

»Schon gut, Hannochen, aber erst mal ausschlafen.« Und sie küßte ihn, löschte das Licht und ging.

Er war allein, und während er still liegend sich der segenvollen Wirkung des Natrons überließ, entzündete sich vor seinen geschlossenen Augen der Glanz des Bescheerungssaales aufs Neue. Er sah sein Theater, sein Harmonium, sein Mythologie-Buch und hörte irgendwo in der Ferne das »Jauchze laut, Jerusalem« der Chorknaben. Alles flimmerte. Ein mattes Fieber summte in seinem Kopfe, und sein Herz, das von dem revoltierenden Magen ein wenig beengt und beängstigt wurde, schlug langsam, stark und unregelmäßig. In einem Zustand von Unwohlsein, Erregtheit, Beklommenheit, Müdigkeit und Glück lag er lange und konnte nicht schlafen.

Morgen kam der dritte Weihnachtsabend an die Reihe, die Bescheerung bei Therese Weichbrodt, und er freute sich darauf als auf ein kleines burleskes Spiel. Therese Weichbrodt hatte im vorigen Jahre ihr Pensionat gänzlich aufgegeben, so daß nun Madame Kethelsen das Stockwerk und sie selbst das Erdgeschoß des kleinen Hauses am Mühlenbrink allein bewohnte. Die Beschwerden nämlich, die ihr mißglückter und gebrechlicher kleiner Körper ihr verursachte, hatten mit den Jahren zugenommen, und in aller Sanftmut und christlichen Bereitwilligkeit nahm Sesemi Weichbrodt an, daß ihre Abberufung nahe bevorstehe. Daher hielt sie auch seit mehreren Jahren schon jedes Weihnachtsfest für ihr letztes und suchte der Feier, die sie in ihren kleinen, fürchterlich überheizten Stuben veranstaltete, so viel Glanz zu verleihen, wie in ihren schwachen Kräften stand. Da sie nicht viel zu kaufen vermochte, so verschenkte sie jedes Jahr einen neuen Teil ihrer bescheidenen Habseligkeiten und baute unter dem Baume auf, was sie nur entbehren konnte: Nippsachen, Briefbeschwerer, Nadelkissen, Glasvasen und Bruchstücke ihrer Bibliothek, alte Bücher in drolligen Formaten und Einbänden, das »Geheime Tagebuch von einem Beobachter Seiner Selbst«, Hebels Alemannische Gedichte, Krummachers Parabeln ... Hanno besaß schon von ihr eine Ausgabe der »Pensées de Blaise Pascal«, die so winzig war, daß man nicht ohne Vergrößerungsglas darin lesen konnte.

»Bischof« gab es in unüberwindlichen Mengen und die mit

Ingwer bereiteten Braunen Kuchen Sesemis waren ungeheuer schmackhaft. Niemals aber, dank der bebenden Hingabe, mit der Fräulein Weichbrodt jedesmal ihr letztes Weihnachtsfest beging, – niemals verfloß dieser Abend, ohne daß eine Überraschung, ein Malheur, irgend eine kleine Katastrophe sich ereignet hätte, die die Gäste zum Lachen brachte und die stumme Leidenschaftlichkeit der Wirtin noch erhöhte. Eine Kanne mit Bischof stürzte und überschwemmte Alles mit der roten, süßen, würzigen Flüssigkeit ... Oder es fiel der geputzte Baum von seinen hölzernen Füßen, genau in dem Augenblick, wenn man feierlich das Bescheerungszimmer betrat ... Im Einschlafen sah Hanno den Unglücksfall des vorigen Jahres vor Augen: Es war unmittelbar vor der Bescheerung. Therese Weichbrodt hatte mit soviel Nachdruck, daß alle Vokale ihre Plätze gewechselt hatten, das Weihnachtskapitel verlesen und trat nun von ihren Gästen zurück zur Thür, um von hier aus eine kleine Ansprache zu halten. Sie stand auf der Schwelle, bucklig, winzig, die alten Hände vor ihrer Kinderbrust zusammengelegt; die grünseidnen Bänder ihrer Haube fielen auf ihre zerbrechlichen Schultern, und zu ihren Häupten, über der Thür, ließ ein mit Tannenzweigen umkränztes Transparent die Worte leuchten: »Ehre sei Gott in der Höhe!« Und Sesemi sprach von Gottes Güte, sie erwähnte, daß dies ihr letztes Weihnachtsfest sei und schloß damit, daß sie Alle mit des Apostels Worten zur Fröhlichkeit aufforderte, wobei sie von oben bis unten erzitterte, so sehr nahm ihr ganzer kleiner Körper Anteil an dieser Mahnung. »Freuet euch!« sagte sie, indem sie den Kopf auf die Seite legte und ihn heftig schüttelte. »Und abermal sage ich: Freuet euch!« In diesem Augenblick aber ging über ihr mit einem puffenden, fauchenden und knisternden Geräusch das ganze Transparent in Flammen auf, so daß Mademoiselle Weichbrodt mit einem kleinen Schreckenslaut und einem Sprunge von ungeahnter und pittoresker Behendigkeit sich dem Funkenregen entziehen mußte, der auf sie herniederging ...

Hanno erinnerte sich dieses Sprunges, den das alte Mädchen vollführt hatte, und während mehrerer Minuten lachte er ganz ergriffen, irritiert und nervös belustigt, leise und unterdrückt in sein Kissen hinein.

*

Weihnachten kam, das erste Weihnachtsfest ohne die Konsulin. Der Abend des vierundzwanzigsten Dezembers wurde im Hause des Senators begangen, ohne die Damen Buddenbrook aus der Breitenstraße und ohne die alten Krögers; denn wie es nun mit den regelmäßigen »Kindertagen« ein Ende hatte, so war Thomas Buddenbrook auch nicht geneigt, alle Teilnehmer an den Weihnachtsabenden der Konsulin nun seinerseits zu versammeln und zu beschenken. Nur Frau Permaneder mit Erika Weinschenk und der kleinen Elisabeth, Christian, Klothhilde, die Klosterdame, und Mademoiselle Weichbrodt waren gebeten, welch' letztere ja nicht abließ, am fünfundzwanzigsten in ihren heißen Stübchen die übliche, mit Unglücksfällen verbundene Bescheerung abzuhalten.

Es fehlte der Chor der »Hausarmen«, die in der Mengstraße Schuhzeug und wollene Sachen in Empfang genommen hatten, und es gab keinen Knabengesang. Man stimmte im Salon ganz einfach das »Stille Nacht, heilige Nacht« an, worauf Therese Weichbrodt aufs Exakteste das Weihnachtskapitel verlas, an Stelle der Senatorin, die das nicht sonderlich liebte; und dann ging man, indem man mit halber Stimme die erste Strophe des »O Tannebaum« sang, durch die Zimmerflucht in den großen Saal hinüber.

Es lag kein besonderer Grund vor zu freudigen Veranstaltungen. Die Gesichter waren nicht eben glückstrahlend und die Unterhaltung nicht eben heiter bewegt. Worüber sollte man plaudern? Es gab nicht viel Erfreuliches in der Welt. Man gedachte der seligen Mutter, sprach über den Hausverkauf, über die helle Etage, die Frau Permaneder vorm Holstenthore in einem freundlichen Hause angesichts der Anlagen des »Lindenplatzes« gemietet hatte, und über das, was geschehen werde, wenn Hugo Weinschenk wieder auf freiem Fuße wäre ... Inzwischen spielte der kleine Johann auf dem Flügel Einiges, was er mit Herrn Pfuhl geübt hatte, und begleitete seiner Mutter, etwas fehlerhaft, aber mit schönem Klange, eine Sonate von Mozart. Er wurde belobt und geküßt, mußte dann aber von Ida Jungmann zur Ruhe gebracht werden, da er heute Abend, noch infolge einer kaum überstandenen Darmaffektion, sehr blaß und matt aussah.

Selbst Christian, welcher, da er nach jenem Zusammenstoße im Frühstückszimmer von Heiratsgedanken nichts mehr hatte verlautbaren lassen, mit seinem Bruder in dem alten, für ihn nicht sehr ehrenvollen Verhältnis fortlebte, war gänzlich ungesprächig und zu keinem Spaße aufgelegt. Er machte mit wandernden Augen einen kurzen Versuch, bei den Anwesenden ein wenig Verständnis für die »Qual« in seiner linken Seite zu erwecken und ging früh in den Klub, um erst zum Abendessen zurückzukehren, das in der hergebrachten Weise zusammengesetzt war ... Dann hatten Buddenbrooks diesen Weihnachtsabend hinter sich und sie waren beinahe froh darüber.

An Samuel Fischer

München, den 14. XII. 1903
Konradstraße 11 pt.

Lieber Herr Fischer:

Besten Dank für Ihre erfreulichen Mittheilungen! Den Antheil, den Ihre geschäftlichen Talente an dem Erfolg meines Buches haben, unterschätze ich nicht und bin Ihnen sehr dankbar. – Ihr Anerbieten, mir weitere 2 bis 3 Tausend zu honoriren, nehme ich an. Sagen wir gleich 3 Tausend, also 2250 Mark, nicht wahr? Ich kann Geld gebrauchen.

Mein Befinden ist sehr schwankend; oft habe ich prachtvolle, reiche Stimmungen, voller Kraftbewußtsein und Zuversicht, und oft bin ich vollständig mürbe. Im Frühling will ich wieder nach Riva. Im Allgemeinen kann ich sagen, daß ich thätig bin. Augenblicklich schreibe ich eine Skizze für die Weihnachtsnummer der »Neuen Freien Presse«: »Das Wunderkind«. Sie wird besser, als »Ein Glück«, das ich, unter uns, für ziemlich ausgerutscht halte. Das Genre freilich ist gut: es ist wirklich einmal eine Skizze, während das Meiste, was unter diesem Namen geht, bloß schlechte Novelle ist. Im Übrigen lese ich viel, hoffe, wenn noch der »Tag«-Aufsatz über Gabriele Reuter erledigt ist, mit meinen Florentiner Dialogen weiter zu kommen, hege allerhand neue Hoffnungen und habe im Ganzen das Gefühl, daß es vorwärts geht. So ein Erfolg, wie der mit Buddenbrooks, thut doch wohl!

[…]

Ihr ergebener
Thomas Mann.

An Heinrich Mann

München d. 23. XII. 1904
Ainmillerstraße 31 III

Lieber Heinrich:

Jetzt zu Weihnachten muß denn doch irgend etwas geschehen, das sehe ich wohl; ich bedarf Deiner Nachsicht und Einsicht ohnedies nur zu sehr. Du wirst begreifen: diese Zeitläufte sind dem Briefschreiben so ungünstig, sie führen für mich so viel Erregung und Verwirrung und Anspannung und Abspannung mit sich, daß ich Dich nicht hindern konnte, in der Ferne den Eindruck zu gewinnen, als hätte ich es überhaupt aufgegeben, mich um das nicht ganz simple Problem unseres Verhältnisses noch weiter zu grämen und als lebte ich skrupellos meinem »Glücke« ... Nun, das ist natürlich Unsinn. Das »Glück« selbst müßte etwas minder Problematisches sein, damit es sich so verhalten könnte – und mein Mißtrauen dagegen geringer. Das Glück ist ganz und gar etwas Anderes, als Diejenigen, die es nicht kennen, sich darunter vorstellen. Es ist schlechterdings nicht geeignet, Ruhe und Behagen und Skrupellosigkeit ins Leben zu bringen, und ich bestreite ausdrücklich, daß es zur Erleichterung und Erheiterung beizutragen vermag. Ich habe das gewußt. Nie habe ich das Glück für etwas Leichtes und Heiteres gehalten, sondern stets für etwas so Ernstes, Schweres und Strenges wie das Leben selbst – und vielleicht *meine* ich das Leben selbst. Ich habe es mir nicht »gewonnen«, es ist mir nicht »zugefallen«, – ich habe mich ihm *unterzogen:* aus einer Art Pflichtgefühl, einer Art von Moral, einem mir eingeborenen Imperativ, den ich, da er ein Zug vom Schreibtische *weg* ist, lange als eine Form von Liederlichkeit fürchtete, den ich aber mit der Zeit doch als etwas Sittliches anzuerkennen gelernt habe. Das »Glück« ist ein Dienst – das Gegentheil davon ist ungleich bequemer; und ich betone das, nicht, weil ich irgend etwas wie

Neid bei Dir voraussetzte, sondern weil ich argwöhne, daß Du im Gegentheile sogar mit etwas Geringschätzung auf mein neues Sein und Wesen blickst. Thu das nicht. Ich habe es mir nicht leichter gemacht. Das Glück, *mein* Glück ist in zu hohem Grade Erlebnis, Bewegung, Erkenntnis, Qual, es ist zu wenig dem Frieden und zu nahe dem Leide verwandt, als daß es meinem Künstlerthume dauernd gefährlich werden könnte ... Das Leben, das Leben! Es bleibt eine Drangsal. Und so wird es mich denn wohl auch mit der Zeit noch zu ein paar guten Büchern veranlassen.

Um aber ein wenig gegenständlicher zu werden – so weiß ich nicht, ob Du Dich völlig in meine Lage versetzen kannst. Es gilt, sich, mit nicht immer ganz frischen Kräften, in eine ganz neue Daseinsform einzuarbeiten, in einem nie gewohnten Grade aktiv zu sein, überhaupt zu »sein«, während man früher nur repräsentirte. Ich mache meine Sache nicht schlecht, wie es scheint. Man versichert mir, daß ich viel weltlicher geworden bin; und zum Frack trage ich eine hellgraue Velvet-Weste mit Silberknöpfen. Dies sei als symbolische Pointe hergesetzt, damit ich nicht zu weitläufig zu werden brauche. Sonst bekommst Du den Brief noch nicht einmal am ersten Feiertage ... Nochmals, es gilt andauernd, sich menschlich stramm zu halten, und oft genug läuft das ganze »Glück« auf ein Zähne zusammenbeißen hinaus. Die letzte Hälfte der Werbezeit – nichts als eine große seelische Strapaze. Die Verlobung – auch kein Spaß, Du wirst das glauben. Die absorbirenden Bemühungen, mich in die neue Familie einzuleben, einzupassen (soweit es geht). Gesellschaftliche Verpflichtungen, hundert neue Menschen, sich zeigen, sich benehmen. Berlin – ein üppiges Abenteuer. Lübeck – ein skurriler und rührender Traum. Und zwischendurch tagtäglich die fruchtlosen und enervirenden Extasen, die dieser absurden Verlobungszeit eigenthümlich sind: dies Alles aufgezählt noch immer als Entschuldigung für mein Schweigen. Du wirst verstehen; ich konnte nicht anders. Selbst mit dem Alleinsein war nichts anzufangen. Es giebt ein oberflächliches Alleinsein wie es einen oberflächlichen Schlaf giebt. Erst jetzt wird es langsam ein bischen besser, ruhiger, gewohnter, wurschtiger. Aber ich bin so kaput, daß ich ernstlich mit dem Gedanken umgehe, nach Neujahr noch auf 8 bis 10 Tage zu verschwinden, mich nach Polling zurückzuziehen und nichts zu thun, als arbeiten und erotinfreie (?) Winterluft athmen.

Nun, vorher kommt noch Weihnachten, und es ist jammerschade, daß Du nicht dabei sein kannst. Es wird völlig neuartig und amüsant dies Jahr. Am zweiten Feiertage sind die Mutter, Löhrs, Vicco und Grautoff mit mir bei Pringsheims. Doch eine wunderliche Constellation, die ich da bewerkstelligt habe!

Aber zur Hochzeit kommst Du doch sicher! Es soll garnicht strapaziös werden. Nicht einmal kirchliche Trauung (Katja mag nicht) und das Diner im allerengsten Familienkreise, in dem aber Du keinesfalls fehlen darfst. Ich freue mich schon längst darauf, Dich in der Arcisstraße einzuführen; auch ist man dort sehr gespannt, Deine Bekanntschaft zu machen. Deine Kunstleistung weiß man sehr zu schätzen, und ich zweifle keinen Augenblick, daß auch Dir die neue Familie durchaus angenehm sein wird. Bislang verträgt sich Alles vorzüglich. Die Mutter wird von Katja schon »Mama« und »Du« genannt, und Lula ist mit Katja schon so weit, daß sie neulich auf der Straße zu ihr gesagt hat: »Guten Tag, Du Löweneckerchen!« Und dabei weiß man nicht einmal, was ein Löweneckerchen eigentlich ist.

Also nochmals, zur Hochzeit mußt Du unbedingt kommen. Es wird Ende Januar werden bis die Einrichtung fertig ist – Du wirst also, hoffe ich, schon vor der Zeit hier sein. Und wenn Du ein Übriges thun willst, so schreibst Du vorher noch an Katja ein paar freundliche Zeilen, in denen Du sie als zukünftige Schwägerin begrüßt. Das ist, glaube ich, Sitte, und eigentlich ist es schon ein bischen spät. Aber Du kannst es ja als Weihnachts- oder Neujahrsgruß oder Zusage zur Hochzeit einkleiden, oder so. Jedenfalls würde es angenehm berühren.

Ja, das ist nun der Brief. Viel ist nicht daraus geworden; aber ich durfte weder zu ausführlich noch zu difficil werden, da ich wieder erst im allerletzten Augenblick angefangen hatte.

Grüße Doctor von Hartungen, den ich ebenfalls in schamloser Weise vernachlässigt habe. Auf Wiedersehn!

Dein
Tommy.

An Heinrich Mann

München, den 7. XII. 1908.
Franz Joseph-Str. 2.

Lieber Heinrich:

Ich hatte heute einen Brief von Fischer: Er, Bie und Heimann sind übereingekommen, daß »Die kleine Stadt« für den fortsetzungsweisen Abdruck in der Rundschau nicht geeignet ist. Wenn es Dir von Wert sei, solle Heimann Dir das eingehender begründen. Darauf verzichtest Du wohl, und ich werde Fischer in diesem Sinne schreiben. Er fügt aber seiner Absage Folgendes hinzu: »Für mich liegt die Sache so, daß ich sehr gern die Werke Ihres Bruders in meinen Verlag aufnehmen würde, wenn er den Wunsch hat, mir seine zukünftige Produktion zu übertragen. Ich würde dann natürlich auch den vorliegenden Roman als Buch bringen.«

Das mußt Du Dir nun überlegen.

Wie Katja Dir schon schrieb: ich bin nicht in Briefschreibe-Zustand. Für die N[eue] Fr[eie] Pr[esse] habe ich einen Schmarren gemacht, der 300 M wegen, die ich für Weihnachtsgeschenke brauche. Er fängt an:

»Etwas erzählen? Aber ich weiß nichts. Gut, also ich werde etwas erzählen.« Und so geht es weiter.

[…]

T.

An Hans von Hülsen

München den 27. XII. 1911

Lieber Herr von Hülsen:

Ich danke Ihnen herzlich für Ihre unterschiedlichen Sendungen, namentlich für die zierliche Weihnachtsgabe und bitte, zu glauben, daß ich soviel Aufmerksamkeit menschlich sehr wohlthuend empfinde. Ihnen vom künstlerischen, literarischen Standpunkt aus etwas über diese Dinge zu sagen, fällt mir schwer. Fast hätte ich Ihnen aber einen sehr ernsten Brief geschrieben. Die kindische Unselbständigkeit und Nachahmungslust, in der Sie sich gefallen, steht einem Zweiundzwanzigjährigen nicht mehr an und muß Zweifel an seinem Ernst und seiner Berufenheit erwecken. Und besonders wenn ich die Schwere Krise oder Kritische Stunde mit Ihrer Weihnachtsmann- und Kegelbahnschriftstellerei in der »Woche« zusammenhalte, so wird mir peinlich zu Sinn. Wollen Sie ein »sehr beliebter Schriftsteller« werden, so haben Sie meine Freundschaft nicht nötig. Und wollen Sie ein ernster Künstler werden, so dürfen Sie niemanden knabenhaft copieren, sondern müssen Eigenes, Neues, Unmittelbares hervorbringen, wovon jedes Wort Ihnen gehört. – Wenn Sie können, so nehmen Sie mir diese Mahnung nicht übel.

Bestens
Ihr
Thomas Mann.

An Richard Dehmel

München den 14. XII. 14.
Poschinger Str. 1

Verehrter Herr und Kriegsmann!

Lange habe ich mich über nichts so gefreut, wie über Ihre Karte. Ich freue mich über *jede* Zeile, die ich aus dem Felde bekomme: Sie können sich denken, wenn man zu Haus bleiben muß (Herz und Hirn würden es nicht leisten können), so wird das Verhältnis zum Kriege leicht etwas sentimentalisch. Aber ein Gruß von Ihnen, das war natürlich etwas Besonderes. Ich habe mich herzhaft geschämt, als ich hörte, daß Sie marschierten, und zuletzt war es diese Scham, aus der mein kleiner Versuch in der Rundschau hervorging, – das Bedürfnis, wenigstens meinen Kopf einmal unmittelbar in den Dienst der deutschen Sache zu stellen. Daß die Leistung irgendwie beträchtlich sei, habe ich mir nicht eingebildet. Ich gehöre nicht zu denen, die finden, daß die deutsche Intellektualität vor den Ereignissen »versagt« habe. Ich finde im Gegenteil, daß zum Teil in der Ausdeutung, Verherrlichung, Vertiefung der Geschehnisse *sehr* Bedeutendes geleistet wird, und ich fürchtete sehr, daß mein Stückchen Journalistik ziemlich kümmerlich daneben bestehe. Jetzt fange ich wahrhaftig an, zu glauben, daß es doch nicht ganz überflüssig war.

Wie das alles nur ausgehen wird! Die Sorge und die Neugier sind doch ungeheuer! Aber nichtwahr, es ist eine freudige Neugier. Man fühlt, daß alles wird *neu* sein müssen nach dieser tiefen, gewaltigen Heimsuchung und daß die deutsche Seele stärker, stolzer, freier, glücklicher daraus hervorgehen wird. So sei es.

Heil und Sieg, lieber Herr Doctor, und haben Sie, unter so rauhen Umständen, ein seltsam schönes Weihnachtsfest! Ich drücke Ihnen herzlich die Hand und bleibe

Ihr dankbarer
Thomas Mann.

Tagebücher 1918/19

[1918]

Dienstag den 24. XII. 18.

Weihnachtsabend. Morgens das Gedicht. Mittags zur Stadt, um die Weckuhr für K. abzuholen u. mit Scheck zu bezahlen. – Nachdem gestern Abend Reinecke Fuchs wieder beendet, begann ich nachmittags Hexametrisches von Möricke zu lesen: Das Märchen vom sicheren Mann. Geschlafen. Zum Thee K.'s Mutter, die dann der Bescherung beiwohnte. Es war wie jedes Jahr, aber zum ersten Mal war das Kindchen dabei. Die 4 größeren sangen bei mir im Dunklen, während der Baum angezündet wurde. Nach dem Einzug holte ich das Kindchen herunter, das zum ersten Mal kurzes Kleidchen, Strümpfe und Schuhe trug. Es war heute heiter und liebenswürdig, da ein Zahn fertig durchgebrochen. Die Kinder glücklich über ihre sieben Wunderdinge, besonders Moni. Meine Geschenke erregten Katja's Freude. Unter den mir aufgebauten bequemen und angenehmen Dingen war mir ein Gruppenbild der 5 Kinder, da es gerade mit dem »Werke« zu thun hat, am willkommensten. – Gemeinsames Abendessen mit Truthahn, Mehlspeise, Mosel- und Süßwein, nebst Nachtisch aus Weihnachtsgebäck. Die Kinder festlich aufgeräumt. Moni, die, wie Golo, auf Wunsch ein kleines Separatbäumchen bekommen hatte, kam damit hereingetanzt und küßte das Bäumchen. Nach Tische sangen die vier im Salon Weihnachtslieder zu Erikas Klavierbegleitung. K. schenkte mir noch Einzelaufnahmen von ihnen, worunter die Eissi's in schwarzem Sammtanzug mit weißem Fallkragen besonders anmutig. Freue mich, einen so schönen Knaben zum Sohn zu haben. – Las in der Zeitung von blutigen Kämpfen zwischen Matrosen und regierungstreuen Truppen und betrachte die Bilder in dem Wölfflin'schen Werk »Dürers Handzeichnungen«, das ich von K.

bekommen. – Die schöne Krippe mit Wachsfigürchen, die Bertram der kleinen Lisa geschenkt, ist vor dem Baume aufgestellt.

Mittwoch den 25. XII. 18. 1. Weihnachtstag.

Unruhig geschlafen. Weber schickte das neueste Heft seiner appetitlichen kleinen Zeitschrift mit einer rührend und komisch überschwänglichen Charakteristik der Betrachtungen. Aufforderung der Polizeidirektion, dem »Lichtspiel-Censur-Beirat« mit 15 M Diäten für den halben Arbeitstag beizutreten. Ein republikanisches Amt! – Während die Kinder auf der Diele mit ihren Neuigkeiten spielten, am Gedicht gearbeitet. Es geht, es geht. Auch habe ich nach mehrmaligem Abschreiben der ersten Verse nun die hierzu gehörige Schreibtechnik gefunden: benutze den liniierten Block mit Freilassung immer einer Linie für Korrekturen. Die Einleitung hat sich gemacht. – Besuch von Löhr mit seinen Kindern zur Besichtigung unseres Aufbaus; dazu fand sich Mama, die vom Stadtleben mitgenommen ist und in den Pollinger Frieden verlangt. Mit K. und den Kindern per Tram in die Arcisstraße, zum reichen und schmackhaften Weihnachtsessen. Wolf, der Diener, amtierte wieder. Vorteil der männlichen Bedienung vor der weiblichen auffallend. Ruhte im Zimmer der Söhne, las ein wenig Harden, der sich sehr bürgerlich geriert und gegen die Centralisation spricht, ging dann meinen Hexametern nach und schlief ein, erwachte erst zum Thee. Ging um ½7 zu Fuß durch die Maximilianstr. nach Hause, bei leichtem Frost. Las abends nur Zeitungen und den »Zwiebelfisch«. – Löhr äußerte sich sehr düster über das Bevorstehende: Sieht Bürgerkrieg, Anarchie, Einmarsch etc. kommen. Auf jeden Fall handelt es sich um eine Periode, von der der sogenannte Krieg nur ein Abschnitt war. Gerade die härtesten Friedensbedingungen hätten wahrscheinlich für die Zukunft nicht viel zu bedeuten. Wie lange werden die Franzosen noch den Belagerungszustand und die Diktatur ertragen?

Es giebt Leute, die für Amerika die gewaltigste soziale Revolution prophezeien. – Meine Empire-Uhr, die im Gedicht beschrieben wird und seit 13 Jahren nicht repariert zu werden brauchte, will seit gestern nicht mehr gehen. Ich habe bei Schweizer Auftrag gegeben, sie zu holen. – Gestern im Bette las ich Mörickes wunderliches Hexameter-Märchen »Der sichere Mann« zu Ende.

Donnerstag den 26. XII. 18. (Zweiter Weihnachtstag). Heiterer Frost. Schlecht geschlafen. Brief von R. Dehmel über seinen Aufruf als Antwort auf meine Einwände. Emil Strauß hat der auch von mir beanstandeten Stellen wegen die Unterzeichnung abgelehnt. – Vormittags das Gedicht, mühsam. Spaziergang. Mittags Familienessen: Löhrs mit Tochter und Vikko mit Frau, Gans und Chokoladentorte. War nervös und gequält. Das Nichtchen stümperte Beethoven vor, und Vikko machte am Flügel Casino-Späße, die mich enervierten. War froh, als die Verwandten aus dem Haus waren, unbeschadet meines guten Herzens. Brachte im Ruhen zwei Verse in Ordnung und schlief etwas. Schrieb nach dem Thee an die Polizeidirektion u. an Hans v. Weber. Abendgang. Nach dem Essen telephonierte Krell: Ein Telegramm des Berl. Tageblatts sei da, in Berlin die Regierung gestürzt, Ebert u. Scheidemann wenigstens seien beseitigt. Der Dichter Leonh. Frank habe geäußert, Nationalversammlung und dergl. seien Kindereien, das einzig Richtige sei, mit einem Schlage den Kommunismus einzuführen, die anderen Länder würden dann nachfolgen. – Man muß alldem mit der Achtung, die man dem Verhängnis schuldet, zusehen. Daß dieser Krieg das Ende der bürgerlichen Gesellschaft bedeuten würde, hat Dostojewski vorausgesehen. Es scheint darauf anzukommen, ob das Proletariat die Männer hervorbringen wird, die imstande sind, eine neue gesellschaftliche Ordnung zu stabilisieren. Finden sie sich nicht, so ist auch die radikalste Reaktion denkbar. – Das Kindchen leidend, hat Schnupfen und etwas Fieber, wohl auch Zahnweh. Es schrie abends, und ich trug es längere Zeit in K.'s Schlafzimmer herum. Aspirin wollte es nicht nehmen. Später schläferte K. es ein.

Mittwoch den 24. XII. Weihnachtsabend.

Die Nacht viel Sturm und Regen. Vormittags mit einem Offenen Brief an den Grafen Keyserling begonnen. Kurzer Spaziergang bei Regen mit Bauschan, der leider offenbar krank ist. Die Symptome sind: Appetitlosigkeit, Traurigkeit, Schütteln des Kopfes, Zucken, Winseln. Er hat hoffentlich nicht etwas Schlimmes, Kokkenhaftes im Hirn. Werde ihn zum Arzt führen müssen. – Fuhr fort mit Spenglers männlicher, großartig-skeptischer, Herz und Geist stärkender Schrift. – Nach der Nachmittagsruhe sorgfältige Toilette. Katja im Fieber des Aufbaues. Späterer Thee. Ich schenke an K.: Einen Regenschirm, Briefpapier, ein paar gute Stiefel und einen Kodak-Apparat, ferner die Luxusausgabe von »H. u. H.« – Um halb 7 Uhr K.s Mutter und Peter, der das Anzünden des Baumes beaufsichtigte, Gesang der 4 älteren Kinder im verdunkelten Arbeitszimmer. Eintritt in die Diele, alles wie immer. Ich holte die Kleinen, Elisabethchen auf meinem Arm, tief benommen vom Anblick des brennenden Baumes, dann beglückt von ihrem Spielzeug und beschäftigt damit. Auch die anderen Kinder glücklich, in der That vorkriegerisch reich beschenkt. Ich bekam einen Reise-Thee-Koch-Apparat nebst anderem Gerät, Unterzeug, Taschentücher, viel Confitüren, Cigaretten, ausgezeichnete Photographien von K. mit den Sechsen und von Lisa allein. Gedicht-Rezitationen Golo's und Moni's. Verspätetes Abendessen mit Gänsen, Chokoladekuchen, Mosel und französ. Champagner. Alles hatte recht reichen Charakter. Noch nach Weggang von K.'s Angehörigen blieben die Kinder lange auf. Erika erklärte mein Buch für ihr schönstes Geschenk. Eissi hoch erfreut über Hauptmanns Werke. ½12. Über der Stadt läuten die Weihnachtsglocken.

Donnerstag den 25. XII. 19. 1. Weihnachtst.

Regen, Wind, dazwischen blauer Sturmhimmel. Heller schrieb freundlich über die Wirkung meines Aufenthalts in Wien und bat um ein Bild. – Das Berliner Tageblatt telegraphierte, daß der Fontane-Artikel in der Neujahrsnummer erscheinen wird. – Die Kinder auf der Diele spielend. Schrieb Briefe. Rief Dr. Gruber an, der selbst kam, den kranken Bauschan zu besichtigen. Diagnostizierte auf Lungenentzündung und versprach einen guten Veterinär zu schicken. Das Tier sichtlich sehr krank, heiße Nase, abgemagert, schwer atmend, zitternd, dabei voller Zutrauen und Gutmütigkeit, hilfesuchend. – Mit K. und den Kindern in die Arcisstraße, wo Mittagessen in dem geheizten ehem. Schlafzimmer der Söhne. Kaffee und Likör in der Bibliothek. Unwohlsein Golo's. Ich selbst angegriffen, da gestern Nacht wegen Herzklopfen und Kopfstörungen (harter Gänsebraten) sehr spät eingeschlafen. Vor 3 Uhr fort, um den Veterinär noch zu sprechen, den ich auch auf der Diele in Gegenwart des armen Bauschan traf. Junger Mann mit Schmissen und Dr.-Titel. Diagnose: Staupe in der jetzt grassierenden schweren Form, wovon auch ältere Hunde betroffen. Eitrige Lungenentzündung, aber auch nervöse Erscheinungen (die ich beobachtete), auf Angegriffensein von Hirn und Rückenmark deutend. Prognose trübe. Verbringung in die Klinik beschlossen, da Inhalierungen notwendig. Der Doktor wird dort empfehlendes Wort einlegen. Werde mich an den Gedanken gewöhnen müssen, das gute Tier einzubüßen. Fütterte ihn in der Heizung, wo er zu liegen pflegt, mit Wurst. – Ging zu Bett und schlief. Machte mir dann Thee und aß Stollen mit Apfelkraut dazu. – Erledigte einige Post, machte dann Smoking-Toilette und ging zu Löhrs, wo Abendgesellschaft mit Pringsheims, Vikko u. Frau [und] Endres' war. Mäßiges Essen. Müde. Die entsetzliche Frau Vikko's zur Seite bei Tisch, furchtbare Öde. Am späteren Abend rezitierte eine ans Nationaltheater neu engagierte junge Dame chinesische und Rilke-Gedichte mit einer Sprechtechnik, im Übrigen nach der Schablone. Gedichte wirklich zu sprechen ist im Übrigen eine üble Sitte. Es wurde spät. Bei Regen und Sturm nach Hause. Ein Uhr. –

Freitag den 26. XII. 2. Weihnachtstag

Eri und Klaus führten Bauschan in die Klinik. Sein Zustand soll nicht hoffnungslos sein. Es handelt sich um eine Abart der Staupe, hauptsächlich in Form eitriger Lungenentzündung, die aber gerade bei vorgerücktem Alter des Tieres wohl überwunden werden kann. Der Hund wirkte heute übrigens weniger krank, als gestern. – Ich schrieb nach dem Frühstück an dem Keyserling-Brief. Ging mittags spazieren, bei Wind, blauem Himmel und leichter Schneestreu. Es scheint kälter zu werden. Zum Mittagessen Familie: Löhrs und Vikko mit Frau. Freundlicher Verlauf. Geschlafen. Zum Thee Dr. Gruber und Frau mit ihren Kindern. Reinliche, angenehme Leute. Golo führte den Kleinen auf der Diele Kasperl-Theater auf. – Machte Abendspaziergang: Glatteis, Sternenhimmel und Mondsichel. Begann abends Turgeniews Novelle »Klara Militsch« in Eliasbergs Übersetzung zu lesen, eine Erzählung des Meisters, die mir noch unbekannt.

An Ernst Bertram

München den 25. XII. 22
Poschingerstr. 1.

Lieber, guter Freund,

das ganze Haus vereinigt seine Danksagungen für all Ihr treues, sorgsames Gedenken! Elisabethchen ist selig mit ihrem bunten Wunderbuch, und ich habe das vom Verleger mitgesandte Widmungsblatt säuberlich an den vier Ecken in mein Exemplar Ihrer Rheingesänge geklebt. So paradiert der schöne, noble Band neben Litzmanns dreibändiger »Clara Schumann« (die mir lieber ist, als der Wildenbruch) auf meinem Gabentischchen und erfreut mein Auge. Denn es ist doch merkwürdig, welche Verklärung die Dinge durch das Weihnachtskerzenlicht erfahren, für Klein und Groß. So ein Spazierstock, eine Frühstückstasse, ein Taschenmesser, oder was es sei, hört auf, Ware zu sein und wird »Gabe«, etwas vom Himmel und von der Liebe Kommendes, das einem lieb bleibt durch die Art des Empfanges.

[…]

Ihr
Thomas Mann.

An Klaus Pringsheim

[Weihnachten 1922]

Liebster,

herzlichen Weihnachtsgruß Dir und Deinem ganzen Hause! Hast mir eine schöne Suppe eingebrockt, bin verfehmt im Vaterlande und die deutsch-schwedische Gesellschaft lädt mich auch nicht ein. Bin also nun ein Märtyrer der Freiheit. Hätte ich mir auch nicht träumen lassen.

T.

Briefe aus Deutschland [II]

München, Februar 1923.

Während einiger Wochen vor und nach dem Christfest war die meinem Schreibtisch benachbarte Chaiselongue ihrem natürlichen Zweck entzogen, da sie hochauf mit frischen Druckwerken bedeckt war, Erscheinungen unseres Weihnachtsbüchermarktes, die der zuständige Postbote Tag für Tag in Paketform heranschleppte, sodaß ich den geplagten Mann durch eine größere Auswahl unserer nichtsnutzigen Assignaten zu versöhnen suchte, und die, da sie an gehörigem Orte einfach nicht unterzubringen waren, mich hinderten, die oft so zuträgliche horizontale Lage einzunehmen. Hieß ich mir das doch eine Messe! (Ich bitte den Herrn Übersetzer, diesen Ausruf auf Deutsch stehen zu lassen, da er dem »Faust« von Goethe entlehnt ist.) Wahrhaftig, ich verzichtete gern auf meine Bequemlichkeit aus Freude an einem Überfluß, der manches – Überflüssige mit sich führen mag, der aber zum Mindesten beweist, daß, widrigster Umstände ungeachtet, von eigentlicher Kopfhängerei hierzulande nicht die Rede sein kann.

Romane, Gedichtbücher, Tagebücher, Anthologien, Monographien, kritische Essayistik, philosophische Zeit- und Weltergründungen, historische Briefsammlungen, illustrierte Ausgaben klassischer Autoren, – es fehlte an nichts. Die Meister waren da und die Jugend, die sie nachahmt, oder sich unter einander nachahmt, oder sich völlig absolut und absurd gebärdet, – auch das ist amüsant. Die Ausstattung war vorzüglich zum Teil. Ich rede nicht von den Luxusausgaben, künstlerisch geschmückten Kostbarkeiten, die in beschränkter Auflage, numeriert und signiert, erscheinen und erfahrungsgemäß ein sicheres Geschäft abgeben: sie sind sofort in festen Händen. Aber auch das einer weiteren Oeffentlichkeit zugedachte Buch zeigt in der Regel ein schmuckes Gewand, – daran hat sich durch unsere Verarmung nichts geändert, wenn es auch freilich heute gilt, die Wirkung mit bescheideneren Mitteln zu erreichen, als zur Zeit unserer Wirtschaftspracht. Seit ich jung war (und die stärksten literarischen Eindrücke meines Lebens durch Zwanzig Pfennig-Heftchen gewann) haben die Geschmacksansprüche des deutschen Publikums in Dingen der Buchausstattung sich außerordentlich gehoben, und solche kulturellen Gewöhnungen eines Volkes sind nicht rückgängig zu machen, sie setzen sich selbst unter sehr heruntergekommenen oekonomischen Verhältnissen irgendwie durch.

[…]

Soll es mir noch vergönnt sein, jenseits des Meeres um Sympathie zu werben für die kosmopolitische Umsicht einer Nation, die ungeachtet eines so starken Druckes von außen, ja, den Feind im Lande, dennoch im Geistigen keine Verhärtung und Verengung erleidet, sondern deren Weltbedürfnis sich in einem vielfältigen Angebot von Übersetzungsliteratur aus allen Sprachen äußert? Ach, die Beispiele dafür, beschwerten um Weihnachten meine Ottomane in einer Fülle, die mich um die Elastizität ihrer Federn besorgt machte!

Weihnachten auf dem Zauberberg

Im Speisesaal, an den sieben Tischen, beherrschte der Anbruch des Winters, der großen Jahreszeit dieser Gegenden, das Gespräch. Viele Touristen und Sportsleute, hieß es, seien eingetroffen und bevölkerten die Hotels von »Dorf« und »Platz«. Man schätzte die Höhe des geworfenen Schnees auf sechzig Zentimeter, und seine Beschaffenheit sei ideal im Sinne des Skiläufers. An der Bobbahn, die drüben am nordwestlichen Hange von der Schatzalp zu Tal führte, werde eifrig gearbeitet, schon in den nächsten Tagen könne sie eröffnet werden, vorausgesetzt, daß nicht der Föhn einen Strich durch die Rechnung mache. Man freute sich auf das Treiben der Gesunden, der Gäste von unten, das nun sich hier wieder entwickeln werde, auf die Sportsfeste und Rennen, denen man auch gegen Verbot beizuwohnen gedachte, indem man die Liegekur schwänzte und entwischte. Es gab etwas Neues, hörte Hans Castorp, eine Erfindung aus Norden, das Skikjöring, ein Rennen, wobei sich die Teilnehmer auf Skiern stehend von Pferden ziehen lassen würden. Dazu wollte man entwischen. – Auch von Weihnachten war die Rede.

Von Weihnachten! Nein, daran hatte Hans Castorp noch nicht gedacht. Er hatte leicht sagen und schreiben können, daß er kraft ärztlichen Befundes mit Joachim den Winter hier werde zubringen müssen. Aber das schloß ein, wie sich nun zeigte, daß er hier Weihnachten verleben sollte, und das hatte ohne Zweifel etwas Erschreckendes für das Gemüt, schon deshalb, aber nicht ganz allein deshalb, weil er diese Zeit überhaupt noch niemals anderswo als in der Heimat, im Schoß der Familie, verlebt hatte. In Gottes Namen denn, das wollte nun in den Kauf genommen sein. Er war kein Kind mehr, Joachim schien auch weiter keinen Anstoß daran zu nehmen, sondern sich ohne Weinerlichkeit damit abzufinden, und wo nicht überall und unter welchen Umständen war in der Welt schon Weihnachten begangen worden!

Bei alldem schien es ihm etwas übereilt, vor dem ersten Advent von Weihnachten zu reden; es waren ja noch reichlich sechs Wochen bis dahin. Diese aber übersprang und verschlang man im Speisesaal, – ein inneres Verfahren, auf das Hans Castorp ja schon auf eigene Hand sich verstehen gelernt hatte, wenn er es auch noch nicht in so kühnem Stile zu üben gewöhnt war wie die älter eingesessenen Lebensgenossen. Solche Etappen im Jahreslauf, wie das Weihnachtsfest, schienen ihnen eben recht als Anhaltspunkte und Turngeräte, woran sich über leere Zwischenzeiten behende hinwegvoltigieren ließ. Sie hatten alle Fieber, ihr Stoffumsatz war erhöht, ihr Körperleben verstärkt und beschleunigt, – es mochte am Ende wohl damit zusammenhängen, daß sie die Zeit so rasch und massenhaft durchtrieben. Er hätte sich nicht gewundert, wenn sie Weihnachten schon als zurückgelegt betrachtet und gleich von Neujahr und Fastnacht gesprochen hätten. Aber so leichtlebig und ungesetzt war man mitnichten im Berghofspeisesaal. Bei Weihnachten machte man halt, es gab Anlaß zu Sorgen und Kopfzerbrechen. Man beriet über das gemeinsame Geschenk, das nach bestehender Anstaltsübung dem Chef, Hofrat Behrens, am heiligen Abend überreicht werden sollte, und für das eine allgemeine Sammlung eingeleitet war. Voriges Jahr hatte man einen Reisekoffer geschenkt, wie diejenigen überlieferten, die seit mehr als Jahresfrist hier waren. Man sprach für diesmal von einem neuen Operationstisch, einer Malstaffelei, einem Gehpelz, einem Schaukelstuhl, einem elfenbeinernen und irgendwie »eingelegten« Hörrohr, und Settembrini empfahl auf Befragen die Schenkung eines angeblich im Entstehen begriffenen lexikographischen Werkes, genannt »Soziologie der Leiden«; doch fiel ihm einzig ein Buchhändler bei, der seit kurzem am Tische der Kleefeld saß. Einigung hatte sich noch nicht ergeben wollen. Die Verständigung mit den russischen Gästen bot Schwierigkeiten. Die Sammlung spaltete sich. Die Moskowiter erklärten, Behrens auf eigene Hand beschenken zu wollen. Frau Stöhr zeigte sich tagelang in größter Unruhe wegen eines Geldbetrages, zehn Franken, die sie bei der

Sammlung leichtsinnigerweise für Frau Iltis ausgelegt hatte, und die diese ihr zurückzuerstatten »vergaß«. Sie »vergaß« es, – die Betonungen, mit denen Frau Stöhr dies Wort versah, waren vielfach abgestuft und sämtlich darauf berechnet, den tiefsten Unglauben an eine Vergeßlichkeit zu bekunden, die allen Anspielungen und feinen Gedächtnisstachelungen, an denen es Frau Stöhr, wie sie versicherte, nicht fehlen ließ, Trotz bieten zu wollen schien. Mehrfach verzichtete Frau Stöhr und erklärte, der Iltis die schuldige Summe zu schenken. »Ich zahle also für mich und für sie,« sagte sie; »gut, nicht mein ist die Schande!« Endlich aber war sie auf einen Ausweg verfallen, von dem sie der Tischgesellschaft zu allgemeiner Heiterkeit Mitteilung machte: sie hatte sich die zehn Franken auf der »Verwaltung« auszahlen und der Iltis in Rechnung stellen lassen, – womit die träge Schuldnerin denn überlistet und wenigstens diese Sache ins gleiche gebracht war.

*

Kurz nach Weihnachten starb der Herrenreiter ... Aber vorher spielte eben noch Weihnachten sich ab, diese beiden Festtage, oder, wenn man den Tag des heiligen Abends mitzählte, diese drei, denen Hans Castorp mit einigem Schrecken und der kopfschüttelnden Erwartung entgegengesehen hatte, wie sie sich hier wohl ausnehmen würden, und die dann, als natürliche Tage mit Morgen, Mittag, Abend und mittlerer Zufallswitterung (es taute etwas), auch nicht anders, als andere ihrer Gattung, heraufgekommen und verblichen waren: – äußerlich ein wenig geschmückt und ausgezeichnet, hatten sie während der ihnen zugemessenen Frist ihre Bewußtseinsherrschaft in den Köpfen und Herzen der Menschen geübt und waren unter Zurücklassung eines Niederschlages unalltäglicher Eindrücke zu naher und fernerer Vergangenheit geworden ...

Der Sohn des Hofrates, Knut mit Namen, kam auf Ferienbesuch und wohnte bei seinem Vater im Seitenflügel, – ein hübscher, junger Mann, dem aber ebenfalls schon der Nacken etwas zu sehr heraustrat. Man spürte die Anwesenheit des jungen Behrens in der Atmosphäre; die Damen legten Lachlust, Putzsucht und Reizbarkeit an den Tag, und in ihren Gesprächen handelte es sich um Begegnungen mit Knut im Garten, im Walde oder im Kurhausviertel. Übrigens erhielt er selbst Besuch: eine Anzahl seiner Universitätskameraden kam in das Tal herauf, sechs oder sieben Studenten, die im Orte wohnten, aber beim Hofrat die Mahlzeiten nahmen und, zum Trupp verbunden, mit ihrem Kommilitonen die Gegend durchstreiften. Hans Castorp mied sie. Er mied diese jungen Leute und wich ihnen mit Joachim aus, wenn es nötig war, unlustig, ihnen zu begegnen. Den Zugehörigen Derer hier oben trennte eine Welt von diesen Sängern, Wanderern und Stöckeschwingern, er wollte von ihnen nichts hören und wissen. Außerdem schienen die meisten von ihnen aus dem Norden zu stammen, womöglich waren Landsleute darunter, und Hans Castorp fühlte die größte Scheu vor Landsleuten, oft erwog er mit Widerwillen die Möglichkeit, daß irgendwelche Hamburger im »Berghof« eintreffen könnten, zumal Behrens gesagt hatte, diese Stadt stelle der Anstalt immer ein stattliches Kontingent. Vielleicht befanden sich welche unter den Schweren und Moribunden, die man nicht sah. Zu sehen war nur ein hohlwangiger Kaufmann, der seit ein paar Wochen am Tische der Iltis saß, und der aus Cuxhaven sein sollte. Hans Castorp freute sich im Hinblick auf ihn, daß man mit Nicht-Tischgenossen hierorts so schwer in Berührung kam, und ferner darüber, daß sein Heimatsgebiet groß und sphärenreich war. Die gleichgültige Anwesenheit dieses Kaufmanns entkräftete in hohem Grade die Besorgnisse, die er an das Vorkommen von Hamburgern hier oben geknüpft hatte.

Der heilige Abend also näherte sich, stand eines Tages vor der Tür und hatte am nächsten Tage Gegenwart gewonnen … Es waren noch reichlich sechs Wochen bis zu ihm gewesen, damals, als Hans Castorp sich gewundert hatte, daß man hier schon von Weihnachten sprach: so viel Zeit also noch, rechnerisch genommen, wie die ganze Dauer seines Aufenthalts nach ihrer ursprünglichen Veranschlagung, zusammen mit der Dauer seiner Bettlägrigkeit betragen hatte. Trotzdem war das damals eine große Menge Zeit gewesen, namentlich die erste Hälfte, wie es Hans Castorp nachträglich schien, – während die rechnerisch gleiche Menge jetzt sehr wenig bedeutete, beinahe nichts: die im Speisesaal, so fand er nun, hatten recht gehabt, sie so gering zu achten. Sechs Wochen, nicht einmal so viele also, wie die Woche Tage hatte: was war auch das in Anbetracht der weiteren Frage, was denn so eine Woche, so ein kleiner Rundlauf vom Montag zum Sonntag und wieder Montag war. Man brauchte nur immer nach Wert und Bedeutung der nächstkleineren Einheit zu fragen, um zu verstehen, daß bei der Summierung nicht viel herauskommen konnte, deren Wirkung überdies und zugleich ja auch eine sehr starke Verkürzung, Verwischung, Schrumpfung und Zernichtung war. Was war ein Tag, gerechnet etwa von dem Augenblick an, wo man sich zum Mittagessen setzte, bis zu dem Wiedereintritt dieses Augenblicks in vierundzwanzig Stunden? Nichts, – obgleich es doch vierundzwanzig Stunden waren. Was war denn aber auch eine Stunde, verbracht etwa in der Liegekur, auf einem Spaziergang oder beim Essen, – womit die Möglichkeiten, diese Einheit zu verbringen, so gut wie erschöpft waren? Wiederum nichts. Aber die Summierung des Nichts war wenig ernst ihrer Natur nach. Am ernstesten wurde die Sache, wenn man ins Kleinste stieg: jene sieben mal sechzig Sekunden, während derer man das Thermometer zwischen den Lippen hielt, um die Kurve fortführen zu können, waren überaus zählebig und gewichtig; sie weiteten sich zu einer kleinen Ewigkeit, bildeten Einlagerungen von höchster Solidität in dem schattenhaften Huschen der großen Zeit …

Das Fest vermochte die Lebensordnung der Berghofbewohner kaum zu stören. Eine wohlgewachsene Tanne war schon einige Tage zuvor an der rechten Schmalseite des Speisesaals, beim Schlechten Russentisch, aufgerichtet worden, und ihr Duft, der durch den Brodem der reichen Gänge hindurch die Speisenden zuweilen berührte, rief etwas wie Nachdenklichkeit in den Augen einzelner Personen an den sieben Tischen hervor. Beim Abendessen des 24. Dezembers zeigte der Baum sich bunt geschmückt mit Lametta, Glaskugeln, vergoldeten Tannenzapfen, kleinen Äpfeln, die in Netzen hingen, und vielerlei Konfekt, und seine farbigen Wachskerzen brannten während der Mahlzeit und nachher. Auch in den Zimmern der Bettlägrigen, hieß es, brannten Bäumchen; jedes hatte das seine. Und die Paketpost war reich gewesen schon in den letzten Tagen. Auch Joachim Ziemßen und Hans Castorp hatten Sendungen aus der fernen und tiefen Heimat bekommen, sorglich verpackte Bescherungen, die sie in ihren Zimmern ausgebreitet hatten: sinnreiche Kleidungsstücke, Krawatten, Luxusgegenstände in Leder und Nickel, sowie viel Festgebäck, Nüsse, Äpfel und Marzipan, – Vorräte, die die Vettern mit zweifelnden Blicken betrachteten, indem sie sich fragten, wann hier je der Augenblick kommen werde, davon zu genießen. Schalleen hatte Hans Castorps Paket hergestellt, wie er wußte, und auch, nach sachlicher Besprechung mit den Onkeln, die Geschenke besorgt. Ein Brief von James Tienappel lag bei, auf dickem Privatpapier, doch in Maschinenschrift. Der Onkel übermittelte darin des Großonkels und seine eigenen Fest- und Genesungswünsche und fügte aus praktischen Gründen gleich die nächstens fälligen Neujahrsgratulationen hinzu, wie übrigens auch Hans Castorp verfahren war, als er rechtzeitig seinen Weihnachtsbrief nebst klinischem Rapport an Konsul Tienappel liegend aufgesetzt hatte.

Der Baum im Speisesaal brannte, knisterte, duftete und hielt in den Köpfen und Herzen das Bewußtsein der Stunde wach. Man hatte Toilette gemacht, die Herren trugen Gesellschaftsanzug, man sah an den Frauen Schmuckstücke, die ihnen von liebender Gattenhand aus den Ländern der Ebene gekommen sein mochten. Auch Clawdia Chauchat hatte den ortsüblichen Wollsweater gegen ein Salonkleid vertauscht, das aber einen Stich ins Willkürliche oder vielmehr ins Nationale hatte: es war ein helles, gesticktes Gürtelkostüm von bäuerlich-russischem, oder doch balkanischem, vielleicht bulgarischem Grundcharakter, mit kleinen Goldflittern besetzt, dessen Faltigkeit ihrer Erscheinung eine ungewohnt weiche Fülle verlieh und ausgezeichnet mit dem zusammenstimmte, was Settembrini ihre »tatarische Physiognomie«, insbesondere ihre »Steppenwolfslichter« zu nennen beliebte. Man war sehr heiter am Guten Russentisch; dort zuerst knallte der Champagner, der dann fast an allen Tischen getrunken wurde. An dem der Vettern war es die Großtante, die ihn für ihre Nichte und für Marusja bestellte, und sie traktierte alle damit. Das Menü war gewählt, es endete mit Käsegebäck und Bonbons; man schloß Kaffee an und Liköre, und dann und wann rief ein aufflammender Tannenzweig, der Löscharbeit forderte, eine schrille, übermäßige Panik hervor. Settembrini, gekleidet wie immer, saß gegen Ende des Festessens eine Weile mit seinem Zahnstocher am Tische der Vettern, hänselte Frau Stöhr und sprach dann einiges über den Tischlerssohn und Menschheits-Rabbi, dessen Geburtstag man heute fingiere. Ob jener wirklich gelebt habe, sei ungewiß. Was aber damals geboren worden sei und seinen bis heute ununterbrochenen Siegeslauf begonnen habe, das sei die Idee des Wertes der Einzelseele, zusammen mit der der Gleichheit gewesen, – mit einem Worte die individualistische Demokratie. In diesem Sinne leere er das Glas, das man ihm zugeschoben. Frau Stöhr fand seine Ausdrucksweise »equivok und gemütlos«. Sie erhob sich unter Protest, und da man ohnedies die Gesellschaftsräume aufzusuchen begonnen hatte, so folgten die Tischgenossen ihrem Beispiel.

Die Geselligkeit dieses Abends erhielt Gewicht und Leben durch die Überreichung der Geschenke an den Hofrat, der mit Knut und der Mylendonk auf eine halbe Stunde herüberkam. Die Handlung vollzog sich in dem Salon mit den optischen Scherzapparaten. Die Sondergabe der Russen bestand in etwas Silbernem, einem sehr großen, runden Teller, in dessen Mitte das Monogramm des Empfängers eingraviert war, und dessen vollkommene Unverwendbarkeit in die Augen sprang. Auf der

Chaiselongue, die die übrigen Gäste gestiftet hatten, konnte man wenigstens liegen, obgleich sie noch ohne Decke und Kissen war, nur eben mit Tuch überzogen. Doch war ihr Kopfende verstellbar, und Behrens probierte ihre Bequemlichkeit, indem er sich, seinen nutzlosen Teller unter dem Arm, der Länge nach darauf ausstreckte, die Augen schloß und zu schnarchen begann wie ein Sägewerk, unter der Angabe, er sei Fafnir mit dem Hort. Der Jubel war allgemein. Auch Frau Chauchat lachte sehr über diese Aufführung, wobei ihre Augen sich zusammenzogen und ihr Mund offen stand, beides genau auf dieselbe Weise, so fand Hans Castorp, wie es bei Pribislav Hippe, wenn er lachte, der Fall gewesen war.

Gleich nach dem Abgange des Chefs setzte man sich an die Spieltische. Die russische Gesellschaft bezog, wie immer, den kleinen Salon. Einige Gäste umstanden im Saale den Weihnachtsbaum, sahen dem Erlöschen der Lichtstümpfchen in ihren kleinen Metallhülsen zu und naschten von dem Aufgehängten. An den Tischen, die schon für das erste Frühstück gedeckt waren, saßen vereinzelte Personen, weit voneinander entfernt, verschiedentlich aufgestützt, in getrenntem Schweigen.

Der erste Weihnachtstag war feucht und neblig. Es seien Wolken, sagte Behrens, in denen man sitze; Nebel gäbe es nicht hier oben. Aber Wolken oder Nebel, auf jeden Fall war die Nässe empfindlich. Der liegende Schnee taute oberflächlich an, wurde porös und klebrig. Gesicht und Hände erstarrten im Kurdienst weit peinlicher als bei sonnigem Frost.

Der Tag war ausgezeichnet durch eine musikalische Veranstaltung am Abend, ein richtiges Konzert mit Stuhlreihen und gedruckten Programmen, das Denen hier oben vom Hause »Berghof« geboten wurde. Es war ein Liederabend, gegeben von einer am Orte ansässigen und Unterricht erteilenden Berufssängerin mit zwei Medaillen seitlich unter dem Ausschnitt ihres Ballkleides, Armen, die Stöcken glichen, und einer Stimme, deren eigentümliche Tonlosigkeit über die Gründe ihrer Ansiedelung hier oben betrübende Auskunft gab. Sie sang:

«Ich trage meine Minne
mit mir herum.«

Der Pianist, der sie begleitete, war ebenfalls ortsansässig … Frau Chauchat saß in der ersten Reihe, benutzte jedoch die Pause, um sich zurückzuziehen, so daß Hans Castorp von da an der Musik (es war Musik unter allen Umständen) mit ruhigem Herzen lauschen konnte, indem er während des Gesanges den Text der Lieder mitlas, der auf dem Programm gedruckt stand. Eine Weile saß Settembrini an seiner Seite, verschwand aber ebenfalls, nachdem er über den dumpfen bel canto der Ansässigen einiges Pralle, Plastische angemerkt und sein satirisches Behagen darüber ausgedrückt, daß man auch heute abend so treu und traulich unter sich sei. Die Wahrheit zu sagen, spürte Hans Castorp Erleichterung, als sie beide fort waren, die Schmaläugige und der Pädagog, und er in Freiheit den Liedern seine Aufmerksamkeit widmen konnte. Er fand es gut, daß in der ganzen Welt und noch unter den besondersten Umständen Musik gemacht wurde, wahrscheinlich sogar auf Polarexpeditionen.

Der zweite Weihnachtstag unterschied sich durch nichts mehr, als durch das leichte Bewußtsein seiner Gegenwart, von einem gewöhnlichen Sonn- oder auch nur Wochentag, und als er vorüber war, da lag das Weihnachtsfest im Vergangenen, – oder, ebenso richtig, es lag wieder in ferner Zukunft, in jahresferner: zwölf Monate waren nun wieder bis dahin, wo es sich im Kreislauf erneuern würde, – schließlich nur sieben Monate mehr, als Hans Castorp hier schon verbracht hatte.

An Erika Mann

München den 23. XII. 26
Poschingerstraße 1

Liebes Erikind,

für all Deine Lieb' und Treu' muß ich Dir doch danken und Dir einen Weihnachtsbrief schreiben, auch für die Negerplatte als Zeichen der Treuherzigkeit, obgleich sie, wie ich Dir leider, leider gestehen muß, mittendurchgebrochen angekommen ist. Aber die Kinderplättchen sind heil und die Süßigkeiten sehr erquicklich, Ingwerschokolade, wie Feigen.

Wir wollen nur hoffen, daß es mit unserm Schnaps nicht gegangen ist wie mit eurer Platte; denn dann hätte es übel auch um die anderen Sächelchen in Mieleins Paket ausgesehen. Die rohen Transporteure werfen so schnöde mit den Sendungen herum. Deinen Dankesbrief für die Ges. Werke habe ich kaum verdient, denn es war Mielein, die sie bei Fischer für Dich bestellt hat, und natürlich waren auch sie als Weihnachtsgabe gedacht, so daß der G.G. (ich hoffe, er hat Augen gemacht angesichts seines Schlafrocks!) sie Dir eigentlich vorläufig hätte sperren und Dir erst morgen Abend aufbauen sollen. Und nun hast Du schon im Voraus Tränen darüber gelacht. Was mir ja aber nun auch wieder nicht unlieb ist.

Für Mielein habe ich eine schöne Handtasche, eine Armbanduhr aus weißem Golde, Murano-Vasen, warm gefütterte Handschuhe und eine Taschenlaterne zum Beleuchten der Kleinen zu später Stunde, ohne daß Kürzl erwacht. Die Empfängerin dieser Gaben hetzt seit einigen Tagen rastlos durch Straßen und Geschäfte, denn für Viele gibt es Vieles zu besorgen, was sie ja auch genau im Voraus wußte, ohne sich dadurch zu rechtzeitigem Beginn der Arbeit bestimmen zu lassen. Sie wird morgen Abend wohl erschöpft bis aufs Letzte sein, aber wir freuen uns doch alle sehr auf das Fest, das sogar besonders geselligen Charakter anzunehmen verspricht. Außer alten Fays und Babüschleins werden auch wohl Fränkchens zum Essen (mit Truthahn und Sekt) kommen, noch dazu mit ihrem Freunde Speyer, der sonst einsam wäre.

Ich bin recht froh, daß ich wieder schreibe. Man fühlt sich eigentlich doch nur und weiß nur etwas von sich, wenn man etwas macht. Die Zwischenzeiten sind greulich. Der Joseph wächst Blatt für Blatt, wenn es vorläufig auch nur eine Art von essayistischer oder humoristisch-pseudowissenschaftlicher Fundamentlegung ist, womit ich mich amüsiere. Denn Spaß macht mir die Sache mehr, als je etwas anderes. Es ist einmal etwas Neues und auch geistig Merkwürdiges, indem Bedeuten und Sein, Mythus und Wirklichkeit diesen Leuten beständig in einander gehen, und Joseph eine Art von mythischem Hochstapler ist.

Auch tue ich etwas für meine Jahre und empfange jeden zweiten Morgen in der Frühe Herrn Silberhorn, den Masseur und Turnmeister (von Lampé empfohlen), der mich unter anderem 40 Mal hüpfen läße und mich schließlich mit Kölnischem Wasser abreibt. Im Auto fährt er vor und nimmt 8 Mark für sein jedesmaliges Werk, der Spitzbube. Aber er war ja Hauptmann im Kriege, und Gustl Waldau massiert er auch.

Nun genug, meine Kleine. Wir sollen uns heute Abend den »Gneisenau« betrachten, ein lächerliches Ansinnen, dem wir aber nachkommen. Dir, Deinem braven Mann und dem Eissiknaben recht frohe Festtage!

Z.

An Hermann Hesse

München den 21. XII. 29

Lieber Hermann Hesse:

Ich komme zu Ihnen mit einem Vorschlag und mit einer Bitte. Am 24. Dezember hat, wie Sie wissen werden, S. Fischer seinen siebzigsten Geburtstag. Von einer offiziellen Feier in Berlin will der alte Herr nichts wissen, dagegen hat sich der Gedanke durchgesetzt, daß Fischers eine Woche später in unserem Hause an einer kleinen intimen Feier am Sylvesterabend teilnehmen. Sie würden sich nun, wie ich bestimmt weiß, ganz besonders freuen, und diese Freude wäre auch die unsrige, wenn Sie bei diesem kleinen Fest zugegen wären. Es sollen außer Fischers mit ihren Kindern nur Wassermanns, Rene Schickele und Hans Reisiger daran teilnehmen. Ich möchte Ihnen recht herzlich zureden, die Reise nicht zu scheuen und unserem Fischer, wie auch uns, die Freude Ihrer Anwesenheit zu machen. Ich weiß wohl, es liegt auch etwas wie Zumutung in dem Vorschlag, aber schließlich sage ich mir, daß der alte Mann es wert ist, daß diejenigen, von denen es ihm wohl tut, ihm an diesem Tage etwas Liebes erweisen.

Seien Sie, lieber Herr Hesse, zu Weihnachten recht herzlich von uns beiden begrüßt!

Ihr Thomas Mann

An Ernst Bertram

München den 27. XII[.] [19]31

Lieber Bertram,

Vater und Kind sind sehr gerührt und erfreut über die feinen, bunten Gaben und über das gute Gedenken, das sich darin ausspricht.

Ich schreibe am Krankenlager, unbequem und also kurz. Es war ein infektiöser Katarrh mit obligater Magen- und Darmaffektion und ist im Abklingen, schlägt aber zum Schluß noch mit einem entzündlich zugeschwollenen Auge aus, das warme Kompressen verlangt.

Zum Hl. Abend, namentlich zu jener Dunkel-Viertelstunde vor der Bescherung, wenn die Kinder singen, bin ich etwas aufgestanden und bin tatsächlich glücklich über mein Hauptgeschenk, das wir uns zur Belebung der Wirtschaft geleistet haben, einen kombinierten Radio-Grammophon-Apparat, bei dem auch die Platten durch den Dynamo-Lautsprecher klingen, – ein Ohrenschmaus. Kommen Sie nicht noch in diesen Ferien?

Auch sonst gab es freudige Eindrücke in letzter Zeit. Benedetto Croce widmet mir seine »Geschichte des 19. Jahrhunderts«, die nächstens in mehreren Sprachen erscheint. Und auch eine großartige, durch zwei Nummern der Nouvelles Littéraires gehende Besprechung des »Zauberbergs« von Edmond Jaloux, eine wahre Studie, in der sich die ganze analytische Tradition Frankreichs bewährt, hat mich sehr dankbar bewegt.

Es macht mich übrigens nicht blind dagegen, daß Laval ein Esel und die französische Politik so idiotisch ist, wie das ganze Treiben jetzt. Könnte man's verachtungsvoll ignorieren! Aber was steht uns bevor? Was wird über Deutschland in mehreren blutigen Wellen hingehen und über uns alle? Glauben Sie mir, die Tage Ihrer »Universitäten« sind auch gezählt, und am Ende ist's nicht schade drum. Am Ende ist es um das Ganze nicht mehr schade, aber was werden wir auszustehen haben!

Verzeihen Sie die unweihnachtlich düsteren Gedanken! Aber sie sind schwer zurückzudrängen. –

Ich suche seit Tagen bei Biedermann, Gräf und überall nach einer Aeußerung Goethes, die ich bestimmt einmal gelesen habe: »Ich habe die Größe mühsam lernen müssen –«. Ich finde es nicht mehr. Wo steht es nur und in welchem Zusammenhang? Ein so merkwürdiges Wort! Meine Beschäftigung mit ihm hat mir über diese Krankheit fast vergnüglich hinweggeholfen.

Herzlich Ihr Thomas Mann.

Tagebücher 1933–1939

[1933]

Sonntag den 24. XII. 33

Weihnachtsabend also, altes Kinderwort und Kinderglück, das auch dieses Jahr seinen stillen Zauber bewährt. Ein Bäumchen ist in der Halle aufgestellt; Tische und gedeckte Kisten für die Bescherung vorbereitet. Katja in den letzten Tagen viel Arbeit gehabt. Sie konnte sie heute der Sonntagsruhe wegen nicht fortsetzen, aber die Vorbereitungen zur Feier beschäftigen sie heiter, während ich müde und nerventraurig bin. – Weißer Nebel. –

Schrieb nur wenig und machte mittags mit K. einen kleinen Spaziergang. Las nach Tisch in der N[euen] Fr[eien] Pr[esse] von der antinationalsozialistischen Kundgebung der österreichischen Geistlichkeit und dann in dem 1924 erschienenen Buch von Everth über C. F. Meyer.

Vergaß gestern den Antwortbrief Bluncks zu notieren, der kurz und amtlich »mit kollegialem Gruß« die Notwendigkeit der Ausfertigung der Papiere bestätigt. Es liegt viel Unverschämtheit darin.

Müde und ruhelos. Hörte, während ich meinen Thee trank, altitalienische Musik aus dem Radio und die Violin-Romanze von Beethoven.

Am Mittagstisch heute waren 5 Kinder, die 3 Söhne und zwei Töchter. Zur Bescherung und zum Abendessen erwarten wir Erika, Reisiger, die Giese und ihre Schwester.

Schrieb an Fiedler.

Montag den 25. XII. 33.

Die Gäste kamen, Erika brachte die Dinge, die sie noch in meinem Auftrage für K. besorgt hatte, und es gab dann eine heitere Bescherung in dem dafür sehr geeigneten Dielenraum, zu welcher Reisiger, der ebenfalls mit nützlichen Dingen beschenkt wurde, mit rührender Freigebigkeit beitrug. K. und ich tauschten gute Kleidungsstücke, Toilettendinge und Genußmittel, die jüngsten Kinder führten Grammophon-Plättchen vor, die sie mit Stücken aus der »Buddenbrooks-Suite« von N. und mit einer komischen Szene bespielt hatten. Bei Tisch, der weihnachtlich geschmückt und zur Hälfte mit den sechs Kindern in einer Reihe besetzt war, war ich guter Dinge. Es gab Champagner, und nachher zog sich der Abend in der Halle und in meinem Zimmer unter Musik, Telephonaten mit Lugano und München und Gesprächen bis ½1 Uhr hin. Der Giese und dem Mädchen Maria schenkte ich den »Jaakob« mit Widmungen. Der Sohn der Letzteren, der pfiffige Alexander, Münchener Volkstyp, führte den »Deutschen Gruß« vor, wie er ihn in seiner Anstalt exekutieren muß und sang das »Horst-Wessel-Lied«. Es gab, ohne daß ich es bemerkt hätte, eine Spannung zwischen Klaus und Erika. Diese, durch Arbeit überreizt, erträgt schlecht die Liebeswerbungen des melancholischen Lanzoff [sic], des Freundes und Amsterdamer Verlagskollegen des Klaus, von dessen Schwerblütigkeit das Schlimmste zu befürchten ist. Das hindert Erika nicht, ihn hart zu behandeln, u. ihr Bruder, der für den Freund fürchtet u. für den dessen Selbstmord auch eine berufliche Katastrophe bedeuten würde, macht ihr Vorwürfe deswegen. –

Stand ½9 Uhr auf. Dichter weißer Nebel. Frühstück, an dem ausgezogenen Familientisch, mit Kaviar und Stollen.

Die Kinder, noch gestern Abend spät befragt, was von Weihnachten das Schönste gewesen sei, erklärten: »Als Herr Papale bei Tisch einen Juden nachmachte!«

Ich arbeitete heute Vormittag etwas und ging mit Reisiger, der um ½1 Uhr kam in Schnee und weißem Nebel übers Feld spazieren.

Zum Essen waren die sechs Kinder und Dr. Landshoff da, dem ich ebenfalls den Roman schenkte. Es wurde musiziert, und später las Klaus in meinem Zimmer eine hübsche, nur im Motiv etwas arme Emigranten-Novelle vor.

Ich ruhte dann. Erika war noch zum Thee da. Am Klavier üben die Giese und der junge Pianist für die »Pfeffermühle«.

Dienstag den 26. XII. 33

Korrespondierte gestern Nachmittag und ging aus. Hörte abends mit Genuß und Bewunderung das Klavierkonzert von Tschaikowski. Las im Dekamerone.

Heute wieder kalt und neblig.

Recht träge gearbeitet. Ich schiebe meine derzeitige Schlaffheit auf den Föhn, der den Frost abgelöst hat und zuviel gesellige Anstrengung.

Ging allein spazieren. Rehe, wenig scheu, im Schnee-Wald. Neigung zum Verlust der Nerven in noch unbegangener Einsamkeit.

Briefe von Bermann, der Stillverhalten empfiehlt, Annette Kolb (konfus), Rechtsanw. Heins, Vikko.

Zu Tische Erika und Reisiger.

In Frankreich furchtbares Eisenbahnunglück mit mehr als 200 Toten.

Mit Reisiger Gespräch über den Gram, der an einem zehrt. Die Friedseligkeit in dem kasernierten und überorganisierten Deutschland, zur Weihnachtszeit besonders sentimental sich hervortuend – ist es nicht das unbewußte Bestreben, sich für den Not-Krieg ein moralisches Alibi zu verschaffen, seine Unschuld vorzubereiten? – Die Freisprechung Torglers, diese billig gerissene Befehlsausführung, wird von den Zeitungen als Tat eines königlichen Richters gepriesen, zu schweigen von der nationalsozialistischen Presse, die sie als volksfremd beschimpft. Und das Ausland ist großen Teils höchlichst beeindruckt von soviel Rechtlichkeit, die gewiß eine Friedensgarantie bedeutet. »Recht ist, was Deutschland nützt«. Dem Propaganda-Ministerium hat geschienen, daß die Freisprechung Deutschland mehr nütze.

Das französische Unglück ist furchtbar, – zahllose kleine Kinder waren das Opfer.

Nachmittags Briefe diktiert und korrespondiert. Zum Abendessen Reisiger. Wir hörten vorher aus dem Radio was Schauerliches aus Deutschland, eine Verherrlichung des patriotischen Schriftstellers Dietrich Eckart.

Nach dem Essen das Konzert Tschaikowski's noch einmal gehört, 2 Sätze Trio von Beethoven und etwas Parsifal.

[1934]

Montag den 24. XII. 34. Weihnachtsabend.

Nach gut verbrachter Nacht an dem Jahreskapitel weiter.

Machte mittags mit Klaus und Golo unter recht angeregten Gesprächen den Waldspaziergang.

Zum Essen trafen Erika und Reisiger ein. Verstörte Stimmung: Man erfuhr allmählich, daß ein schöner junger Schäferhund, der den Clou der Bescherung bilden sollte, durch Bibi's Schuld entlaufen war. Betrüblich. K., von hundert Besorgungen heimkehrend, mußte mit der Nachricht empfangen werden.

Briefe von der Herz, von Herrmann-Neisse, dem Prager Agenten, Joh. R. Becher wegen eines Pariser Schriftsteller-Kongresses und Unbekannten.

Mittagessen und Kaffee mit Eri und Reisiger. Erstere über ihren Prager Aufenthalt.

Geschäftigkeit im Hause, Ausschmuck der hübsch gewachsenen Tanne und Aufschlagen der Geschenktische in der Halle.

Dienstag den 25. XII. 34. Erster Weihnachtstag.

Gestern Nachmittag erledigte [ich] Korrespondenzen in Sachen der Januarreise und schrieb an Fr. Fischer. Rasierte mich dann, die Giehse und Reisiger kamen, man sang die Lieder in Medi's Zimmer im Dunkeln, wobei die Kinder begleiteten, und trat dann in die Halle ein zum brennenden Baum. Der Raum eignet sich besonders für den festlichen Zweck, K. hatte viel ersonnen und beigebracht, der eigentümlich feenhafte und bezaubernde Eindruck der vielen neuen und schmucken Gaben war ausgesprochen. Reisiger war erfreulich und gediegen beschenkt, die Kinder beglückt, auch die Giehse beschenkte alle. Theetischchen und Tischlampe, die ich erhielt, sind hübsche Beiträge zu meiner Bequemlichkeit, von den vielen nützlichen Kleinigkeiten zu schweigen. Die Herz schenkte ein Leselämpchen und ein Drehbrett für den Eßtisch.

Man aß zu Abend mit Champagner bei Kerzenlicht an dem vergrößerten und geschmückten Tisch. Von der Polizei wurde gemeldet, daß der Hund hinter Itschnach einem Hause zugelaufen und abzuholen sei, zur großen Erleichterung Bibi's. Es gab schöne Blumen von A. M. Schwarzenbach, ein Glas mit Bonbons von Tennenbaum. Nach Tische probierte man neue Platten, die 4. Symphonie von Brahms unter Walter, sehr wohlklingend. Am Eßtisch amüsierte man sich mit einem von der Kurz den Kindern geschenkten »Führer«-Quartettspiel, das gräuliche Bildnisse aufweist. Verbrachte den Abend größtenteils heiter und behaglich und litt erst gegen Ende unter unruhiger Müdigkeit. Man trennte sich ½1 Uhr. Reisiger kehrte ins Gasthaus Sonne zurück.

Heute stand ich ¾9 Uhr auf und frühstückte mit K. und den Jüngsten. Aß ein Stück Weihnachtsstollen. – Kalter Nebel nach wie vor. Fühlte mich gestern Nacht erkältet, überwand aber die Affektion im Schlaf.

– Schrieb vormittags an Rascher, die Herz u.a., arbeitete nicht.

Der Hund kam, ein schönes Tier, noch sehr verwirrt und schüchtern. Wir führten ihn mittags durch den Wald spazieren, K., Reisiger und die Kleinen waren dabei.

In der Nat. Zeitung schreibt Hartung über den Joseph.

Nach Tische (Indian) führten die Kinder eine Komposition Bibi's für Bratsche und Klavier vor.

Schreibe bei der neuen Arbeitslampe; sie gibt ein schönes Licht.

Diktierte nachmittags Briefe und ging etwas aus.

Festliches Abendessen zu achten. Man trieb Reim- und Ratespiele nachher und lachte viel, bis Mitternacht.

Mittwoch den 26. XII. 34. Zweiter Weihn. Tag

Stand ½9 Uhr auf [und] frühstückte mit K. und den Kindern. Arbeitete dann an dem Zeit-Kapitel weiter (Amenhotep III.) Ging mittags mit K., Reisiger und »Bill« spazieren.

Las nach Tisch in einer merkwürdigen neuen Wiener Zeitschrift, »Die Erfüllung«, katholisch-judenfreundlich.

Nachmittags fuhren wir alle in zwei Wagen nach Zürich, den Wessely-Film, »Das Ende einer Liebe« zu sehen. Das Theater vollständig besetzt. Der Dialog von lächerlicher Plumpheit (historisch, Heirat Marie Louisens mit Napoléon, Metternich-Gründgens). Das Photographische z.T. vorzüglich. Die Wessely reizvoll. Wir stellten eine Ähnlichkeit mit Medi fest. Im Ganzen ein etwas beschämender Genuß.

Abends trank man Champagner und hörte Brahmssche Musik. »Bill« war in der Halle zugegen, sehr scheu nach wie vor.

[1935]

Dienstag den 24. XII. 35. Weihnachtsabend,

der dritte, den wir im »Exil« verbringen – welches mich eigentlich völlig gleichgültig läßt, da ich nur meine Möbel, Lüster, Bücher entbehre, aber auch diese nicht sehr, und ich das Vaterland viel lieber nicht um mich habe. Im Übrigen fehlt mir nichts, was ich brauche, um mein Leben und Werk zu Ende zu führen. Im Grunde decken die Außengeschehnisse wieder meine Arbeit, wie der Krieg es tat, an den der Zustand von heute sehr erinnert.

Stand früh auf, bei Lichtern im Ort, und schrieb etwas Schwieriges an der »Keuschheit« weiter. – Es kam die ungarische Ausgabe der »Meister«; Brief von Albert Einstein, Glückwunsch zu dem Brief nach Oslo. – Ging allein mit dem Hund über Johannisburg. Milderung der Luft, dünne Bläue, der Schnee stumpfer und weniger beschwerlich. – K. in der Stadt, ihre Besorgungen zu beenden und zur Abholung Erikas. Deren Zug kam mit stundenlanger Verspätung. Außerdem Verfehlung. Wir warteten lange mit dem Lunch, aßen um ½3 ohne die

Frauen, die später glücklich gleichzeitig eintrafen. Erika mit leichter Grippe. – Tennenbaum schickte 12 Flaschen Bordeaux. – Orchideen von Kahler. – Wiedererscheinen des von Landshoff lädierten Radio-Apparates. – Las Vorschläge zur Herausgabe eines Buches Die Bilanz der deutschen Republik. Guter und interessanter Plan. – In der »Corona« Mitteilungen über das Verhältnis Goethe-Pestalozzi. – Trubel im Haus. Stärkungskorb für die Herz. Baumschmücken und Ungeduld der zögernd einlaufenden Geschenke wegen. Schweizer Langsamkeit und Untüchtigkeit. Das Vaterland hat natürlich Vorzüge, aber die haben die Nazis nicht erfunden. – – Sendung von Dr. Kris, Wien, einer Arbeit aus »Imago« zur Psychologie älterer Biographik, besonders über mythische Identifikation. Dazu ein Brief wie ich solche nun öfters bekomme und wie Goethe sie auch zu lesen bekam. – Ordnete K.'s Geschenke an, den Stuhl, Leuchter, Pelzschuhe, Zerstäuber etc. – Ankunft der Giehse und ihrer Schwester. Weihnachtslieder mit Klavier, Geige und Cello im Zimmer der Kinder. Bescherung schöner und brauchbarer Dinge an alle im Licht eines schlanken Baumes mit etwas zu steilen Zweigen. Sehr brauchbare Bücher-Etagère für mich und warme Kleidungsstücke. Allgemeines Vergnügen. Festessen mit Champagner. Danach Kaffee mit Schlagrahm, den ich sehr liebe. Aufführung neuer Platten auf dem wiederhergestellten Apparat. Schuberts An die Unendlichkeit, von Schlusnus schön gesungen. »O fühl' es ganz«. – Hingezogener Aufenthalt in der Halle unter Musik und Telephongesprächen mit München und Davos. In Landshoffs Pension Nazis, die den Abend mit einer Grammophon-Rede des Hess und dem Horst Wessel-Lied mit Glockengeläut begangen haben. – Dankte Dr. Guggenheim von der Deutschen Buch-Gemeinschaft für das Geschenk des Tempel-Goethe und schrieb ein paar weitere Karten. – Zog mich ½12 Uhr vom Fest zurück.

Mittwoch den 25. XII. 35. Erster Weihnachtstag.
Gegen 9 Uhr auf, nach etwas unruhiger Nacht. Mit K. am großen, sehr wohl bestellten Frühstückstisch. Danach meine Seite geschrieben. – Föhn, Sonne, warm, märzartig. Mit K. über Itschnach, langsam, im angeschmolzenen Schnee. – Schöne Krokodilsleder-Brieftasche aus Wien als Geschenk des Kommerzialrats Ledermann, nebst ungewöhnlich sympathischem Brief. Karte von Unruh. Brief von Lesser-Wien über das Gatten-Kapitel. Insistierung wegen Fortsetzung der Ossietzky-Propaganda. – Erika noch leidend. Mittagessen, festlich, mit den Damen Giehse und den sechs Kindern. Zum Thee Dr. *Feist*, der wegen des Bücherverlustes gehechelt wurde und wertvolle Geschenke verteilte: Schöner Hölderlin für mich. Verabredung wegen weiterer Bücher-Besorgungen, Schopenhauer, Nietzsche etc. – Schrieb an Dr. Ledermann, dankend. – Abendessen mit Feist, den Giehses, den Kindern. Nachher Unterhaltung in der Halle. Verabschiedung von Feist, Klaus, den Damen G. Morgen beginnen in Basel wieder die Aufführungen, bedenklich für die noch leidende Erika. – Erkältet, Schnupfen.

Donnerstag den 26. XII. 35. Zweiter Weihnachtstag.
Föhn, Tauwetter, Eisbrei. Schrieb an »Keuschheit« weiter. Abreise Klaus und Erika. Mit K. etwas spazieren. Zu Tische die *Herz*, deren Lage hier unhaltbar. – Nachmittags Briefdiktate. – Einräumung der Weihnachtsgeschenke wie immer am 2. Feiertag. – Kurzer Ausgang mit Medi. – Zum kalten Abendessen *Brentano's*. Drolliger Mann. Über seinen Roman und die Titelfrage. Auch über das Titelproblem des Joseph. Über die Huch und ihre Werke. Vorsatz, den »Wallenstein« zu lesen. – Unzufriedenheit daß ich mir Antworten auf die Rundfragen der Nouv. Littéraires und der St. Gallner Zeitung nicht abgewinnen kann. Trägheit und Hemmungen.

Donnerstag den 24. XII. 36. Weihnachtsabend

Nebeldunkel wie die letzten Tage. Wieder rechtzeitig auf und etwas an der Novelle getan. Mit Reisiger spazieren. In der »Weltbühne« ein schöner Aufsatz Heinrichs über das Elend der Nazis, das übrigens zu einer äußerst spannenden Situation geführt hat. England verlangt Eingliederung in die europäische Friedensfront und lauter Dinge, die diese Elenden nicht leisten können, ohne ihr System und sich selbst aufzugeben. Der Ruin droht aber auch von der völlig verfahrenen Wirtschaft her. Man hat es gewußt, man hat es gewußt. – – Nachmittags las ich, nach dem Thee in der verstellten Weihnachtshalle, Reisiger aus der Klassischen Walpurgisnacht vor. Dann musizierten die Jüngsten etwas, und man ging zu den Weihnachtsliedern im dunkeln Zimmer über. Die Bescherung, ohne Moni, die sich in nervöser Depression zurückhielt und von K. und mir nicht überredet werden konnte, herunterzukommen, reich und freudig, von K. mit dem liebevollsten Fleiße betreut. Ich habe an meinen schönen Dingen, wie die anderen an den ihren, große Freude: der Kommode mit großem Spiegel, der Stutzuhr, den Walküre-Platten etc. Die gute Frau in Rostock schickte wieder ein Sebastian-Album. Um 8 kam Kahler, beladen mit weiteren Geschenken, unter denen ein Leucht-Schreibblock für mich. Abendessen mit Champagner. Nachher Kaffee, Musik und Unterhaltung. Ich las aus dem Gedichtbuch »Als der Großvater« vor zu großer Heiterkeit. Reisiger froh über seinen Rasierapparat und Hosen. K. wird Nutzen von ihrem Schreibtischstuhl und Teppich haben. Es wurde Mitternacht, man hörte die Glocken den Festtag einläuten. – Mein Akademie-Artikel in den New York Times in mehreren Exemplaren.

Freitag den 25. XII. 36. Erster Weihnachtstag.

½9 Uhr auf. Frost, neblig blau. Stollen-Frühstück mit K. und Reisiger. Arbeit an der Novelle. Zu vieren mit K., Medi und Reisiger durch den Wald spazieren. Zu Tische *Lion*. Kaffee im oberen Teil der Halle. Über Kafka'sche Einschläge bei Green. Über die Krise des Romans mit Falschmünzern, Ulysses und Zauberberg. – Plakat von Kugel für den 14. Januar, darauf der Titel der Novelle zum ersten Mal. – Fast hätt' ich's vergessen: Mitteilung der philos. Fakultät von Bonn über Aberkennung des Ehrendoktors als Folge der Ausbürgerung. – Antwort erwogen. – Nach dem Thee Briefe diktiert und Karten geschrieben, auf die Reise bezüglich. Abends Vorführung des 1. Akts »Walküre«. Bewundernswerte Ökonomie, knapp, innig. Dabei die schauerlich deutschen Elemente, die auch noch in der »heiligen Not« von heute lebendig.

Sonnabend den 26. XII. 36 zweiter Weihnachtstag

½9 Uhr auf. Kalt und angenehm. Mit K. und Reisiger gefrühstückt. Arbeit an der Novelle. Mit der Post wieder Äußerungen erfreulichen Anteils. Spaziergang über Itschnach mit Reisiger, der nach Tische zu seinen englischen Freunden nach Zürich fuhr. Las das Tage-Buch, das auch von hoffnungsvollerer Stimmung Kunde gibt. Schrieb nach dem Thee Karten und Briefe, u.a. an Klaus zum Dank für seinen Joseph-Artikel. Ging noch eine halbe Stunde aus. Zum Abendessen *Beidlers*. Nach der Mahlzeit Aufenthalt in der oberen Halle. Vorlesung von »Zu meiner Ausbürgerung«. Beidlers törichte Ablehnung eines Kistchens mit Eßwaren. Politische Gespräche. Anekdote: Entfernung eines Buches von Moses Mendelssohn aus Schillers Arbeitszimmer. – Duhamel schreibt, daß er den Aufruf zum Th.M.-Fonds ins Französische übersetzen lassen und im Mercure de France veröffentlichen wird.

[1937]

Freitag den 24. XII. 37. Weihnachtsabend.

Tauwetter, Nässe. Kurz nach 8 auf. Beim Frühstück nur das Yogurt schmackhaft. Verdrießlicher Mund. Studien und Entwürfe zu »Lotte«, belebt. Mittags *Lion* empfangen und die Fragen der

Zeitschrift mit ihm besprochen. Einige Schritte mit ihm ins Freie. Er aß mit uns. – Zeitungen und »Tage-Buch«. In der »Weltbühne« guter Aufsatz über Brüning in New York. – Kam Luxus-Ausgabe des »Krull« von Querido. – Bibi neuerdings verschlimmert seit gestern. Heftige Augenschmerzen u. Lichtempfindlichkeit. Heute Nachmittag Zuziehung Dr. Bollacks. Regenbogenhaut-Entzündung als Anschluß-Krankheit der Hirnhautreizung. Lange Anwesenheit der Ärzte. K. sehr niedergeschlagen. Dauer mindestens 4 Wochen und sehr anspruchsvolle Behandlung. Arger Zwischenfall, der K.'s Aufenthalt in Arosa unmöglich machen wird. Getrübtes Weihnachten. – Sehr verspätete Bescherung. Der Patient erhielt sein eigenes Bäumchen u. seine Geschenke in seinem (Erikas) Zimmer. Die Giehse als einziger Gast. Wieder in die Lichter geschaut. K. hatte für erfreuliche Geschenke an alle gesorgt. Unter den meinen tritt der silberne Armleuchter hervor. Platten von Verdis Requiem. Souper, sehr spät, mit Gänseleber und Champagner. Nachher in der Halle, einige Musik und Unterhaltung. Beständige Beeinträchtigung und Anwiderung durch den salzig schlechten Geschmack, den der unter der Prothese stockende Speichel hervorbringt.

Sonnabend den 25. XII. 37. Erster Weihnachtstag.

Nebel, Nässe. Nachts in den »Lehrjahren«. ½9 Uhr auf. Yogurt, Caviar und Thee. Am 6ten Kapitel von »Lotte« ein Stück weiter geschrieben. Mittags mit K. über Itschnach gegangen. Bibi subjektiv guter Dinge, doch ist das Auge durch Atropin etc. vollständig blind, mit riesig erweiterter Pupille, gewissermaßen stillgelegt. – Zu Tische Bibis Freund *Wilhelm* (Paris) und die *Giehse*. Zum Kaffee etwas aus Verdis Requiem. Briefe von Broch und Frey. Nach dem Thee an Reisiger geschrieben in der Frage Arosa, wohin gegebenen Falles mit ihm allein gehe. Einstündiger Abendgang mit dem Hund. Abends in Bettex' Buch über Anti-Klassik. – Phantastisch buntes Montage-Bilderbuch der Frau Prof. Gehrig in Rostock, dem der Aufsatz »Kinderspiele« zugrunde liegt.

Sonntag den 26. XII. 37. Zweiter Weihnachtstag.
Nebel, Nässe. ½9 auf. Am 6ten Kapitel, wenig. Motiv-Verknüpfung, Zeit, Alter, Jugend, Wiederkehr. – Mit K. kurzer Spaziergang. Zu Tische *Oprechts* und *Lion*. Über die Zeitschrift, ihre Mängel und ihren Erfolg. – In Heidens Buch »Das Schicksal Europas«. – Nachmittags viel Post mit K. durchgegangen, Antworten diktiert, anderes zur Erledigung übergeben. – Zum Abendessen der junge Ingenieur *Moser*, vielleicht zukünftiger Verwandter.

[1938]

Princeton, Sonnabend den 24. XII. 38
Heiteres, kaltes Wetter. Schloß vormittags den Aufsatz für Survey Graphic ab. Mittags mit Meisel, der die Abschrift der ersten Hälfte brachte u. anderes vorlegte. Gratulationen, Bücher. Viel Packetlagerung auf der Diele und dem Verandazimmer. Mittags mit Golo spazieren. Über seine Zukunftsmöglichkeiten und die Zeitschrift. Zahlreiche Packete mit Exemplaren des politischen Essaybandes, der Bermann'schen Broschüre und neuer Forum-Ausgaben. Mittagessen mit den 5 Kindern u. Bibis Braut. Festliche Unruhe. Beim Thee mit Erika über den »Freiheits-Pavillon«. Korrektur des Aufsatzes, mechanische Geschäfte u. Umkleiden. Weihnachtsabend. Vor der Bescherung Versammlung der Kinder im Arbeitszimmer und Gesang. Baum, mit dünnen Kerzen brennend. Geschenktische. Bücher-Köfferchen von Kahlers, schöner engl. Shakespeare, Pyjama, Platten etc. Reiche Gaben überall. Blumentöpfe und Süßigkeiten. Dr. Gumpert. Abendessen mit Kerzenbeleuchtung; festlich angenehmes Bild. Champagner. Kaffee. Später Kahlers. Unterhaltung in der neuen Sitzecke bei Champagner und Baumkuchen bis 1 Uhr. »Achtung, Europa« u. »Schopenhauer« den Freunden u. Kindern. Das schwarze Paar mit Geld- u. anderen Geschenken zufrieden gestellt. – Vorm Einschlafen in den »Französischen Zuständen«. – Den ganzen Tag die Seltsamkeit der Situation sehr lebhaft

empfunden. Durch die Versammlung der Kinder erheitert. Erstes Weihnachten in Amerika. Die Möglichkeiten der Zukunft immer wieder erörtert.

Princeton, Weihnachts-Sonntag den 25. XII. 38

Kaltes, sonniges Wetter. 9 Uhr auf u. gebadet. Frühstück mit K., Medi u. Golo. Stollen. Die 2. Hälfte des Aufsatzes an Golo zur Abschrift. Vor-Beschäftigung mit dem Reise-Vortrag. Mittags Spaziergang mit K., Klaus, Golo, Medi und Gumpert in Pine Estate. Lunch am verlängerten Tisch mit den Kindern, Gumpert und Klopstock. Enten. Nach dem Kaffee etwas gelesen: Schweizer Zeitungen, philosophische Aufsätze des Holländers Dr. Kraft. Zum Thee Gäste: Ernst Krenek mit Frau, Prof. Session mit Frau, Shenstons. Schrieb an de Lange-Amsterdam über »Kassandra« von Walter. Nach dem Abendessen in der Bibliothek Vorlesung des 7. Kapitels für K., Erika, Klaus, Golo, Medi, Gret Moser, Gumpert und Klopstock. Seltsamste Wirkung. Abfahrt von Klaus u. Medi zu einem Fest beim jungen Reinhardt in N. Y. Mit ihnen die Ärzte. Mit K., Eri und Golo im Salon. Borsac getrunken. Noch manches über das Kapitel.

Princeton, Weihnachts-Montag den 26. XII. 38

Milder. Spät auf. Umschau im Stoff des Reise-Vortrags. Korrektur u. Expedition des Graphic-Artikels. Mit K. ausgefahren in der Nähe des Sees gegangen. Gegenwart des jungen Speyer. Beim Kaffee mit Erika die Pariser Briefe. Geschlafen. Nach dem Thee bis zum Abendessen dreiseitigen Brief an die Kinder für ihr Emigrantenbuch geschrieben. Vorlesung nach dem Essen, dankbar aufgenommen. Musik von Brahms mit neuer Saphir-Nadel probiert. Lektüre in »Maß und Wert«. Abreise Erikas. Abräumen des Weihnachtstisches. – Tief u. schmerzlich betroffen vom Tode Karel Čapeks. – Regen u. Sturm.

Princeton, Sonntag den 24. XII. Weihnachtsabend
Vormittags Verbesserungen an dem Politicum. Scharfe Kälte. Mittags gemeinsame Ankunft von Erika, Klaus und Franks. Mit ihnen im Salon. Borgese dazu. Allzu laute, sich über das ganze Festlunch erstreckende Diskussion der politisch-religiösen Dinge, ausgehend von der Nominierung eines vatikanischen Botschafters durch Roosevelt, der ersichtlich nur noch »ein Instrument der Jesuiten« sei. Italienische Optik, furios behauptet. Einige Niedergeschlagenheit. – Nachmittags weitere Geschenk-Bücher-Ausfertigungen. Weihnachts-Message des Präsidenten. Mit Frank bei mir. Über »Lotte«, die ihm jetzt alles. ½8 Versammlung bei mir mit Einschluß von Gumpert u. seinem Töchterchen. Lieder. Zur Bescherung noch Kahlers. Brennender Baum und viele schöne Gaben. Bett und Decke für Niko, der sehr verwirrt. Champagner-Dinner zu 12 Personen mit dreifacher schwarzer Aufwartung bei brennenden großmütterlichen Kandelabern. Nachher im Weihnachtszimmer. Champagner u. Baumkuchen. Musik neuer Platten. Mit Borgese über seine Arbeitspläne. In der Library vor dem ganzen Kreise Vorlesung des 9ten Kapitels von »Lotte«, das die Kinder sich aufgespart hatten. Ergriffenheit. Diskussion über den englischen Titel. Franks ins Peacock Inn. Gumperts bei uns. Spät zu Bette.

Princeton, Montag den 25. XII. 39. Erster Weihnachtstag.
Kälte, Schneedunkel. Mit K. u. dem Pudel in der Allee. Frühstück mit K. u. der hübschen kleinen Gumpert. Die 5 points peace message des Papstes – nichts Beunruhigendes für uns und völlig fremd den Deutschen. Es soll mehr sein als eine Weihnachtsgeste, aber ein Erfolg ist z. Z. nicht vorstellbar. – Vormittags Briefe geschrieben an die Meyer, an Hesse und Basler. Mittags spazieren bei scharfem Wind mit K., Medi und dem Pudel. Lunch mit Borgeses u. den ältesten Kindern. Las einiges in dem Buche English in the American Way. Zum Thee Shen-

stones. Abschied Gumperts. Die Kleine had a wonderful time. Abends Champagner und Musik. Weitere Titelfahndung. Da ich die pilgrimage bevorzugte, landete man vorläufig bei »The wondrous pilgrimage of Lotte Buff«. – Die Finnen sollen komischer Weise auf russischem Boden stehen. – Das Mt. des Politicums an Meisel.

Princeton, Dienstag den 26. XII. 39. Zweiter Weihnachtstag. Klare Kälte. 8¼ auf. Mit K. u. dem Pudel in der Allee. Scharfe Weihnachtsrede Daladiers gegen Deutschland, das diesmal zu erdulden haben werde, was es anderen zugefügt. – Vormittags Studien zur Novelle »Die vertauschten Häupter«. – Mittags mit K., Medi u. dem Pudel zum See gefahren. Viel Post. Der Wagner-Brief in »Common Sense«. – Unruhige Tage. Zum Thee Mr. u. Mrs. Seshion und die alte Mrs. S. An Fiedler geschrieben. Borgeses zum Abendessen bei Kahlers. Im Radio Erörterung der Papst-Message. Sekundierung durch Mussolini's Friedensplan mit Wiederherstellung Polens und Tschechiens. Müßig, da Hitler nicht annehmen kann und, selbst wenn er wollte kein Friedenspartner wäre. Seine einzige Hoffnung die Revolution in Frankreich – wie dort durch Rauschning bekannt. – – Sozialistisches Exposee Hillers, wenig geneigt.

Briefe an Agnes E. Meyer – Tagebücher 1940–1945

[An Agnes E. Meyer]

25. XII. 40
65 Stockton Street
Princeton, N.J.

Liebe Freundin,

wir haben Telegramme gewechselt wie Potentaten, aber nun muss ich *schreiben*, denn was für ein erlauchtes Kleidungsstück ist das, welches ich gestern auf meinem Gabentisch fand! Es waren doch auch sonst erfreuliche Dinge darauf (ich bekomme noch genau so gern etwas geschenkt wie als Kind), aber dieses überstrahlte alles und war überhaupt in aller Augen die pièce de résistance des Weihnachtszimmers. Richard Wagner wäre vor Neid erblasst bei seinem Anblick. Dabei ist es von einer gehaltenen und würdigen Pracht, passt übrigens wie angegossen, und nur das eine ist zu befürchten: dass es meine Hotelrechnungen erhöhen wird, wenn ich damit reise. Aber auch auf diese Gefahr hin: recht herzlichen Dank!

Wir hatten einen netten Heiligen Abend, mit 4 Kindern und deutschen und britischen Freunden. Es ist doch immer wieder reizend, den Baum brennen und die Geschenke ausgebreitet zu sehen. Nach Tische tönten schöne neue records, und schliesslich las ich wie ein rechter Hausvater aus der Bibel vor – aus meiner eigenen, von den zwei Hofherren, die ins Untersuchungsgefängnis kommen, und man hatte etwas zu lachen. Dies Buch ist für mich eine harmlose Zerstreuung, genau wie ich sie brauche, und es wird gewiss noch in Zeiten erscheinen, wo viele eine solche werden brauchen können.

Am 28. fahren wir für einige Tage nach Chicago zum Besuch unserer Jüngsten, die sich über Ihr Geschenk ebenso gefreut hat wie ich es voraussagte. Am 11. Januar kommen wir dann nach Washington. Es ist möglich, dass auch Erika sich einfindet.

So long! Ihr Thomas Mann

[Aus dem Tagebuch 1940]

Princeton, Dienstag den 24. XII. 40. Weihnachtsabend

Stand 8 Uhr [auf], ging bei Kälte in der Allee und schrieb nach dem Frühstück am Traum-Kapitel. Fuhr mittags mit K. zum See, wo wir gingen. Der Weihnachtsbaum. Vorbereitungen. Viele Glückwunschkarten. Nach dem Lunch in Kerényi's »Griechischem Roman«. Zum Thee Gumpert und Töchterchen. Weihnachtsrede des Präsidenten. Brief von Hermann Hesse, melancholisch. Ging bei sternklarem Himmel zwischen den elektrischen Tannenbäumen spazieren. Smoking-Toilette. ½8 Uhr mit K. und den anwesenden Kindern bei mir im Arbeitszimmer im Dunkeln, zum ersten Mal ohne Medi. Lieder. Dann Bescherung. Schöne und erfreuliche Dinge. Vortreffliche Platten, gute Kleidungsstücke, englische Tesauren. Geschenk-Box der Molly Shenstone. Diese mit Söhnchen und Kahler zum Abendessen. Gänseleber und Champagner. Nach Weggang der Kinder Vorlesung aus dem »Joseph«, Medizin und Ankunft der Herren, in Gegenwart Molly Shenstones. Heiterkeit. Whisky mit Soda. Spät. –

Princeton, Mittwoch den 25. XII. 40. Weihnachtstag

Sehr spät auf. Klares, mildestes Wetter. Frühstück mit den Kindern. Festtäglich getrödelt, aber dann in der neuen seidenen Hausjacke noch etwas am Kapitel geschrieben. – In der Tribune der Weihnachts-Appell mit kommentierendem Editorial. – Mittags mit K. und Gumpert ausgefahren u. etwas gegangen. Nachmittags Briefe geschrieben an Mrs. Meyer und Caroline. Abends Champagner. Musik: Klavierkonzert von Tschaikowsky und Walzer von Chopin. Telephonischer Bericht des nach N.Y. zurückgekehrten Gumpert, daß die »Staatszeitung« die Botschaft mit konfus-tückischem Kommentar gebracht hat. Sendung von London ist erfolgt.

Princeton, Donnerstag den 26. XII. 40

½9 Uhr auf. Nebel und Regen. Kaffee getrunken und am Traum-Kapitel geschrieben. Mittags allein gegangen. Zum Lunch *Bermanns*. Mit ihm über die bisherige Entwicklung des Verlags-Planes. Thee mit Erika, die danach abreiste. Schrieb einige Briefe an Frau Corinth in S. Barbara, an Coudenhove und G. M. Richter. Viele Ausfertigungen. Der Regen verbot weiteres Ausgehen. Las Survey Graphic und Nation. – Wachsende nationale Bewegung zugunsten energischer Hilfe für England. Eingabe von ein paar hundert Notablen an den Präsidenten, daß die Rede, die er vorbereitet, offen und kühn sein möge.

[An Agnes E. Meyer]

23. XII. 41
740 Amalfi Drive
Pacific Palisades, California

Liebe Freundin,

[...]

Aber Amerika muss ich in Schutz nehmen, wenn Sie es boshafter und meiner Hilflosigkeit gefährlicher nennen als Europa. Sie glauben nicht, wieviel hämisches Wesen und niedrige Lust an der Herabsetzung es in Deutschland gab. Ich finde die Leute hier gutmütig bis zur Generosität, im Vergleich mit den Europäern, und fühle mich freundlich geborgen unter ihnen. Daran kann dieser ärgerliche Zwischenfall nichts ändern.

Nein, sehr weihnachtlich sieht es nicht aus in der Welt; der Stern, nach dem doch schliesslich immer die Menschheit pilgert, brennt hinter einem dicken Blutnebel. Daß Sie ans Freude machen denken mochten zum getrübten und tief gestörten Fest, ist rührend. Schon heute danke ich zum Schönsten für das, was da kommen mag. –

Amerika muss diesen Krieg erst lernen. Das Unglück von Pearl Harbor zeigt, wie wenig es noch eine Vorstellung hat von seiner bösen Unbedingtheit, seinem Radikalism. Es scheint, dass wir gegen die Unternehmungen der Gelben vorläufig ziemlich ohnmächtig sind. Von diesem Schauplatz ist wohl noch mancher Kummer zu erwarten. Desto mehr Vergnügen macht uns Adolf mit seinen inneren Stimmen und seiner »raison d'être.« (Als Eroberer Galliens fängt er an, sich des Französischen zu bedienen, wenn auch nicht ganz richtig.) Sein Tagesbefehl bei Entlassung der Generäle und eigener Uebernahme des Kommando's war unbezahlbar. Seit der Jungfrau von Orleans ist etwas so Romantisches nicht mehr dagewesen. Ach, die heillose Kröte, wann wird ihr einer den Kopf zertreten?

Wir sprachen über Gott und Religion heute, und ich erklärte, beim besten Willen nicht sagen zu können, ob ich glaubte oder nicht. Ich habe mich aber zuweilen im Verdacht, dass ich glaube; denn ohne einen Glauben kann man, l'Infâme« wohl nicht so hassen, wie ich es eingestandenermassen tue.

Ich mache mir Vorwürfe, Sie durch mein Fragen noch zu einer zweiten Äusserung über das Gottesgespräch angehalten zu haben. Natürlich haben Ihre Worte mir wohlgetan, doch bleibe ich von dem Kapitel etwas enttäuscht. Es hätte das Beste des Bandes sein sollen, und doch muss ich nun froh sein, wenn anderes besser wird. Ich bin jetzt bei der Thamar-Episode, einer Novelle für sich und einem merkwürdigen Gegenstand.

Und nun zu dem Hauptzweck dieses Briefes, den herzlichsten Festwünschen und Season-Greetings für Sie und unsern Eugene. Plötzlich hat er sich einfallen lassen, mir eine Kiste Cigarren zu schicken, die nach Erlesenheit aussehen. Ich werde ihm noch eine englische Danksagung schreiben, aber dazu reicht es heute nicht mehr.

Ihr T.M.

27. XII. 41
740 Amalfi Drive
Pacific Palisades, California

Liebe Freundin,

Ihr pracht- und geschmackvolles Hausgeschenk ist *nicht* zu spät gekommen: wir hätten es schon am Weihnachtsabend gehabt, wenn wir es gleich hätten vom Fracht-Amte abholen können. Nun haben wir's gestern eingeheimst; das Auspacken war aufregend genug, die Freude gross. Schon prangt das Service auf unserer für das Haus gekauften Anrichte und wird Ehr' und Zier unseres zukünftigen Esszimmers sein. Haben Sie Dank!

Ihr Brief aus der Einsamkeit, aus dem soviel reiner Schmerz um Ihr, um unser Land spricht, ist mir nahe ans Herz gegangen. Nicht dass er mir faktisch Neues gebracht hätte. Ich war mir über die vorläufig arge Lage so ziemlich im Klaren – es wäre ja schwer gewesen, sich nicht darüber im Klaren zu sein. Aber wie man die Schlappe, die böse Verlegenheit – oder welchen Namen man der Sache nun geben will, um sie weder zu schwach noch übertrieben stark zu bezeichnen – erlebt und empfindet, wenn man persönlich so nahe dem Centrum des nationalen Sensoriums lebt, wie Sie, das hat Ihr Brief mir recht deutlich gemacht. Wie die Dinge über Nacht dies Gesicht annehmen konnten; wie unter den längst gegebenen Verhältnissen, in einer Welt wie dieser, angesichts von Feinden wie diesen, soviel Unbereitschaft und Sorglosigkeit möglich war, das wissen die Götter, – der Mensch steht wirklich vor einem Rätsel. Was hattet ihr alle euch denn nur gedacht? Musste man nicht bitter lachen, als Mr. Hull die letzte japanische Note ein Dokument nannte wie er es diesem Planeten nicht zugetraut hätte, – so etwas an Lügenhaftigkeit und Verderbnis sei noch nicht dagewesen? *Fünfundzwanzigmal* war es dagewesen – drüben in Europa, vor den Augen der Amerikaner, aber sie glaubten nicht, was sie sahen, sei es aus Seelenreinheit, sei es aus Bequemlichkeit, vielleicht aus beidem. Alles, was wir durchgemacht haben, wollten sie oder konnten sie nicht miterleben, oder nur halb, nur ungläubig; im Grunde hielten sie es für Greuelmärchen. Nun haben sie eine eigene abscheuliche Probe davon empfangen. Sie werden nicht daran zugrunde gehen!

Ob auch ich leide? Ach, liebe Freundin, ich habe *vorher* gelitten, als es noch eine Taktlosigkeit war, sein Leiden merken zu lassen. Jetzt ist mir eher wohler, denn nun ist der Löwe erwacht, und ich glaube, dass es zuletzt eine grosse Dummheit von den Japanern war, ihn so grob zu wecken. Ich bin überzeugt, dass sie es zu büssen haben werden, wenn auch die Militär-Clique nun leider in der Lage ist, dem höchst misstrauischen Volk Erfolge aufzuweisen, deren letzter noch nicht gekommen sein mag. Wer den längeren Atem hat, darüber kann wohl kein Zweifel sein. Auch ist der Krieg unteilbar, und die Taten der Russen werden nicht überschattet von der Ueberrumpelung, die uns betroffen. Der Löwe hat seine ein bischen eingeschlafene Tatze ja noch kaum gehoben. Ich vergesse nie, was der alte Abraham Flexner mir sagte, als ich zuerst nach Princeton kam: Auf zwei Ländern beruht die Hoffnung der Welt: Amerika und Russland. Das Wort hatte tiefen Sinn. –

Ich wollte Sie persönlich noch manches fragen, was meine Stellung als »enemy alien« betrifft. Bin ich eigentlich einer? Ich meine natürlich nicht »eigentlich!« Eigentlich bin ich ja pretty friendly. Aber technisch? Ich bin ja von Hitler »ausgebürgert«, also nicht deutscher Untertan. Vielmehr führe ich einen tschechischen Pass (nebst den amerikanischen First papers). Von meiner anti-hitlerischen Tätigkeit, meiner Zugehörigkeit zum offiziellen amerikanischen Kulturleben (Universitäten, Phi Beta Kappa, Academy of arts and letters, Library of Congress) rede ich nicht. Darf ich also keinen Kurzwellenempfänger haben (den ich übrigens nie benutze) und nicht ohne Erlaubnis reisen? Sie sollten Francis Biddle einmal fragen, wie er meinen Fall ansieht und ob er mir nicht, wenn nötig, eine Art von Freibrief und General-Permess geben will. –

Wie sich in Ihrem Brief die Sorge um Land und Volk mit der um Ihre Arbeit vermischt, ist ergreifend. Dass Sie für letztere überhaupt Sorge übrig haben, ist zu verwundern und zeugt von Ihrer Kraft, zu sorgen. Wie sollte ich dieser Kraft und Ihrer Ausdauer nicht vertrauen? Nie habe ich etwas von Verworrenheit und Undeutlichkeit gespürt in dem, was Sie mir mitteilten und zweifle keinen Augenblick an Ihrer Fähigkeit, zu vollenden, was Sie sich vorgesetzt – es Tausenden zu Dank zu vollenden. Nur antreiben mag ich Sie nicht und bin nicht eifersüchtig auf Ihre vielen anderen Pflichten. Seien Sie's auch nicht und lassen Sie ohne Ungeduld das Buch in freien und guten Stunden wachsen!

Abgehärteter, als Sie, gegen politischen Gram, treibe ich es unstörbar mit dem Joseph weiter und suche am Neuen gut zu machen, was ich an Vorherigem verfehlt.

Haben Sie ein gutes, zuversichtliches neues Jahr!

Ihr T.M.

[Aus dem Tagebuch 1941]

Pacif. Palisades, Mittwoch den 24, XII. 41. Weihnachtsabend
Nachts polternder Sturm; gestörter Schlaf. Klarer Himmel. Gegangen vorm Frühstück. Vormittags gearbeitet (Shiloh). Golo fuhr mich auf die Promenade, wo es sehr schön war. Auf einer Bank in der Sonne. Lunch zu Sechsen mit Peter Pr. u. Erika. Diese lustig über eine Radio-Komikerin. Eintreffen von Geschenken seit gestern, viele Glückwunsch-Karten. Die Zeitschriften. Im »New Yorker« die Fortsetzung des Profiles, nur überblickt, viel Dummes, Falsches, rücksichtslos Verklatschtes, über die Kinder, Politisches von 1914, und doch bleibt mir Würde. – Nach dem Thee Zurüstung des Weihnachtszimmers. Mit den Kindern im verdunkelten Studio, den Enkel auf dem Schoß. Weihnachtslieder. Die erste Bescherung in diesem Land. Erfreuliche Dinge, elektrische Schreibtisch-Uhr und hübsche Bücherstützen. Zu Tische Eva Hermann, die chilenischen Wein brachte. Rote Kerzen und Blumen. Champagner. Aufführung empfangener Platten, Rachmaninow und italienische Lieder von Pinza gesungen. – Unverschämter Radio-Appell des Goebbels

an die Deutsch-Amerikaner »in dieser schweren Stunde des Vaterlandes«. Gauner.

Pacif. Palisades, Donnerstag den 25. XII. 41. Weihnachtstag

Regnerisch. Gearbeitet an »Thamar«. Mittags im Regenmantel mit K. in der Nähe gegangen. Zu Tische Franks, Lotte Walter u. Leonh. Frank. Müde. Nachmittags einen Brief an Loewenstein (Amherst) diktiert und englisch an Eugene Meyer geschrieben. Abends in »Die unteilbare Freiheit« von F. Silberstein, gutes Buch.

Pacif. Palisades, Freitag den 26. XII. 41

Sonnig. ½10 Uhr Rede Churchills vor dem Congress in Washington. Ovationen für ihn auch in den Straßen. Die Rede klug, ernst, zuversichtlich, die Initiative für 1943 ankündigend. – Danach Arbeit an »Thamar«. Mittags mit K. und Peter Pr. auf dem Frachtamt, auf der Promenade, dann Lunch im Schweizerhaus mit gutem Appetit. Zu Hause Auspacken der Geschenke von Mrs. Meyer und Knopfs: von jener prächtiges silbernes Kaffee- u. Thee-Service, von diesen ein Paar venezianische Karaffen. – Einschalten der elektrischen Uhr. – Nach dem Thee Briefe mit Conny, des längeren an Broch. Etwas gegangen. Von H. Hesse Sendung kleiner Prosastücke. Gelesen Gedichte von H. Sahl. Den »Aufbau«. Abendessen nur mit Peter und Moni. Zahlreiche Glückwunschkarten. Schmerzvoller Brief von der Meyer über die böse Lage Amerikas, die Demütigung. Zerknirschte Ankündigung des Verlustes der Philippinen.

[An Agnes E. Meyer]

24. Dezember 1942
Pacific Palisades, California

Liebe Freundin,

an diesem Abend, der es dem Herzen doch immer wieder antut mit kindlich mythischer Rührung und Festlichkeit, lassen Sie mich Ihnen, bevor ein paar Gäste sich zu den Hausgästen, den Borgeses, gesellen, Ihnen ein Wort des Gedenkens senden und weihnachtliche Wünsche von Herzen. Das Gedenken gilt Ihrer hochherzigen Hingabe an mein Werk, von der ich nur hoffen kann, dass Sie sie keinem unwürdigen Gegenstand zuwandten, und es gilt allem, was Sie in diesem Lande für mich getan haben und was mir das Leben in der Fremde, die einem so spät Verpflanzten doch immer Fremde, wenn auch freundliche Fremde, bleiben muss, so wohltuend erleichtert hat. Es ist die rechte Stunde, Ihnen wieder einmal Dank dafür zu sagen.

Möchten Sie das Fest, wenn auch in verkleinertem Familienkreis, in heiterer Zuversicht begehen, stolz auf die Dienste, die die Jugend Ihres Hauses und die Sie selbst Ihrem Lande erweisen. Dass Ihr Wesen jetzt in amerikanischem Patriotismus aufgeht, dass Sie an die Sendung Ihres Landes glauben und von seinem Siege Gutes für die ganze Menschheit erwarten, ist gut und schön in seiner Selbstverständlichkeit. Auch aus mir ist nachgerade etwas wie ein amerikanischer Patriot geworden, und in einer von Erika verlesenen Rede für das Nobelpreis-Dinner in New York bin ich so weit gegangen zu sagen, dass die Amerikanisierung der Welt in einem gewissen fundamental moralischen Sinn, nur zu begrüssen wäre, denn der geistigen Anarchie und Ratlosigkeit, dem abendländischen Nihilismus, unter dem wir alle gelitten hätten, wäre am besten begegnet, wenn die einfachen, klaren, wohlmeinenden, gottesfürchtigen Prinzipien und menschlichen Anstandsregeln, auf die die »Väter« einst die Union gegründet, zum Grundsatz der Welt würden. Wie es gemeint ist, wenn ein Europäer, der hinter allerlei Öfen gesessen hat, das sagt, sollte klar sein. Aber Pearl Buck, mehr chinesische Patriotin als eine amerikanische (ganz ohne Patriotismus geht es offenbar nicht ab), hat mir daraufhin einen langen, ernsten, vorwurfsvollen Brief geschrieben, worin sie ihr Entsetzen über mein Wort von der Amerikanisierung ausdrückt und mir vorhersagt, es werde bestimmt von dem amerikanischen Imperialismus, der zunächst ökonomisch, damit aber doch auch politisch sei, missbraucht und ausgebeutet werden. Dergleichen scheint denn auch in einem Editorial der N.Y. Times bereits geschehen zu sein. Dazu hat dasselbe Blatt mich durch eine Agentur auffordern lassen, meine Aeusserung in einem Artikel für die Times zu amplifizieren. Ich bin etwas in Verlegenheit; denn was ich über das Gesagte hinaus zu sagen hätte, eignet sich mehr für eine ziemlich exklusive Betrachtung, betitelt etwa: »Die Sünden des Geistes«, als für einen Zeitungsartikel. Und dem amerikanischen Imperialismus die Leviten zu lesen, stände mir auch nicht recht zu. Ich werde Pearl Buck so artig antworten, wie sie es verdient, mich aber wohl weiter nicht vernehmen lassen.

Michael ist aus dem Hospital entlassen und erholt sich rasch. Was für eine Krankheit es war, weiss niemand. Hoffentlich kommt sie nicht wieder.

Meine Zeit ist um. Die Gäste kommen. Es gibt Brathuhn, Zabaione und eine Art von Champagner.

Eben erfahre ich die Ermordung Darlans. Eine konfuse Nachricht, aus der ich mir noch nichts zu machen weiss. Die Hauptsache ist, dass keine Konfusion in Nord-Afrika daraus entsteht.

Ihr T.M.

[Aus dem Tagebuch 1942]

Pacif. Palisades, Donnerstag den 24. XII. 42

Weihnachtsabend. Regen und Dunkelheit. Frühstück mit Borgeses. Arbeit am Schlußkapitel. Mittags allein gegangen. Spätes Lunch, da K. beim Einkaufen aufgehalten. Nachmittags Brief an Mrs. Meyer. Kiste Champagner von Knopf. Zahlreiche Glückwunschkarten. Vorm Abendessen brennendes Bäumchen und Bescherung. Globus und Nachttischlampe freuen mich. Dinner, Brathuhn und Zabaione, mit Borgeses. Danach Neumanns. Kaffee und Champagner, Baumkuchen. Hörten wiederholt das Radio über die heute gemeldete Ermordung Darlans durch einen 20 jährigen Franzosen. Konfuses Ereignis. Amerikanische Besetzung von Dakar.

Pacif. Pal. Freitag den 25. XII. 42. Weihnachtstag

Heller Himmel. Starker Wind. Schrieb vormittags an dem, was ich das letzte Kapitel nenne. Ging mittags etwas, allein. Zum Essen die 3 Katzenellenbogens. Beschäftigung mit »Witiko«. Geschlafen. Nach dem Thee Brief an Rastede. Abends im Jeremias über Moses. Aufstellung des Globus im Arbeitszimmer. Briefe ausgefertigt. General Giraud wahrscheinlich Nachfolger Darlans. Aus welcher Richtung die Tat kam scheint unbekannt bleiben zu sollen. Die Alliierten näher an Tunis. Rommel im Begriff, sich mit den Axis-Truppen dort zu vereinigen. Die Russen in weiterem Vordringen.

Pacif. Palis. Sonnabend den 26. XII. 42

Kalte, stürmische Nacht. Unruhig geschlafen. 8 Uhr auf, etwas im Freien und gearbeitet an der Schlußpassage, die noch einmal einteile. Mit K. auf der Promenade. Nach Tische die Post und Zeitung. Exekutierung des Mörders Darlans heute, sehr schnell, unter Verschweigung selbst seines Namens. Gen. Giraud übernimmt das Kommissariat. Annäherung der de Gaulle-Leute. Der Mörder Anti-Faschist? – Nachmittags Schlaf. Brief an die Herz in London. Abends Vorlesung Borgeses aus seinem Buch »The cup to all«, Kapitel über Rußland.

[An Agnes E. Meyer]

25. Dez. 43
1550 San Remo Drive
Pacific Palisades, California

Liebe Freundin,

»es ist etwas sehr Ueppiges«, hatte Katja mir im Voraus verraten, und das bewahrheitete sich denn vor meinen geblendeten Augen, als Ihr Geschenk gestern Abend auf meinem Gabentischchen lag. In schwerer Pracht lag es da, den Sinnen höchst angenehm, der Inbegriff des Luxus, in seiner Köstlichkeit noch gesteigert durch das Bewusstsein, dass es wahrscheinlich das

Letzte seiner Art ist und seinesgleichen mehr und mehr aus der verkargenden Welt kommt. Sie haben mich wieder einmal höchst königlich bedacht, und mein Dank ist der eines Menschen, dem man Freude machen *kann*. Sie erwähnten in Ihrem letzten Brief etwas, was ich gesagt haben soll, über »Gewohnheit« oder »Selbstverständlichkeit.« Die Wahrheit ist aber die, dass mir überhaupt nichts gewohnt und selbstverständlich, sondern die Welt immer neu und erregend ist, und dass ich namentlich vor dem *Phänomen* der Güte und Fürsorge immer wieder mit unabgeschwächtem Staunen und wirklicher Rührung stehe.

Wir hatten uns schon an den Gedanken gewöhnt, den gestrigen Abend unter vier Augen zu verbringen, denn ohne Kinder und Kindeskinder wollten wir auch mehr oder weniger gute Freunde nicht bei uns sehen. Aber Golo hatte Urlaub bekommen und traf schon mittags ein. Vier Tage war er, in der Coach, gereist, um vier Tage bei uns zu sein. Vielleicht ist er das Alleranhänglichste der Kinder, obgleich sie alle starke, »rückwärtige Bindungen« haben. Er ist enttäuscht, Sie bei der Rückkehr in Washington zu verfehlen, – wie ich denn aus seinen Aeusserungen über Sie, seinen Briefwechsel mit Ihnen etc. immer eine lebhafte Verehrung heraushöre, die er wohl kaum nur mir schuldig zu sein glaubt.

Uebrigens verstehe ich, dass er noch einen Freund, einen ehemaligen Camp-Kameraden in Washington hat, der ihm wohl eine Unterkunft für die Nacht verschaffen, ihn notfalls – und heutzutage ist Not ja fast immer der Fall – bei sich schlafen lassen wird.

Die Leutchen aus San Francisco werden wir nicht sehen. Auf den Weihnachtsabend war ein Symphonie-Konzert für die soldier-boys angesetzt worden, und so hatte Bibi Dienst. Die kleine Familie wollte heute fahren, aber im Zug stellte sich heraus, dass er 20 Stunden statt 8 oder 10 zu fahren beabsichtige und das bei überfülltem Zustande. So resignierte man. Das Leben ist recht schwierig geworden, nicht ohne pädagogische Absicht wahrscheinlich, um der complacency zu steuern.

Unsere Heimreise liess uns auch nicht vergessen, dass there is a war on. Schon von Cincinnati nach Kansas City zu gelangen, war kein Spass; aber von da ging es in einem elenden Zuge namens Pony Express, bei sehr mangelhafter Verpflegung 3 Tage und 3 Nächte lang hierher. Das Lästigste ist das Schlange stehen vorm Speisewagen, um wenigstens einmal am Tage eine Mahlzeit zu erwischen.

Hier eingelaufen, erfuhren wir denn freilich wieder das »Wohlwollen unsrer Zeitgenossen«, das Goethe »erprobtes Glück« nennt. Es gab Leute, die uns mit ihrem Wagen vom Bahnhof Los Angeles abholten. Es gab andere, die uns gleich Butter, Rahm, Kuchen, Blumen ins unbediente Haus brachten. Alles wäre bald wieder gut gewesen, wenn ich nicht meinen müden Nerven sofort eine Rede für die Max Reinhardt-Gedenkfeier hätte abringen müssen, die wir neulich hier abgehalten haben, und die übrigens sehr würdig verlief. Aber die Herstellung der Rede hätte mich fast zur Verzweiflung getrieben – so schwer wird mir alles von aussen mir Auferlegte – und da ausserdem eine fast hoffnungslos aufgelaufene Korrespondenz zu bewältigen war, so wurde ich gründlich um den Stimmungs-Auftrieb gebracht, den so eine Heimkehr mit sich zu bringen pflegt.

Glücklich bin ich trotzdem, dass die Reise zurück liegt und ich wieder bei mir selbst bin. Für dieses von gutmütigem Massenbeifall durchrauschte Gastspiel-Dasein fühle ich mich nachgerade zu alt. Was mich nicht abgehalten hat, mit dem sehr zufriedenen Colston Leigh für Januar-Februar 1945 wieder abzuschliessen. Unter allen sich aufdrängenden Vorbehalten natürlich. Es hat etwas Phantastisches oder auch Phantasie*loses*, Verträge für das Jahr 45 abzuschliessen.

Zu meiner grössten Ueberraschung trafen von der Library nicht weniger als 17 doppelseitige records ein, die meine ganze Washington lecture in ihren Falten bergen. Ich hatte keine Ahnung gehabt! Oder, wenn eine Anfrage an mich ergangen war, so war sie mir total aus dem Sinn gekommen. Die Platten klingen sehr klar und verständlich, aber meine Redeweise hat etwas Pastorales, das mir nicht gefällt.

Aus der Schweiz hatte ich Telegramme zum deutschen Erscheinen des Joseph, und die Moses-Geschichte hier scheint einen guten Eindruck zu machen. In der N.Y. Times wurde sie »one of his best short-novels, a beautiful fable« genannt. Es ist immer tröstlich zu erfahren, dass man noch so *kürzlich* etwas Vorzügliches gemacht hat.

Was ich lese? Ein älteres Buch über den deutschen Bauernkrieg, eine Lektüre, die mehr in allgemeinen zeitlichen Zusammenhängen steht. Dazu aber allerlei Zweckgerichtetes, Medizinisches und Musikalisches: Schönbergs Harmonielehre und Bücher über Venus-Krankheiten. An dem Roman hatte ich manches umzuformen und schreibe langsam weiter, – viel langsamer, als die ersten hundert Seiten im Neuigkeitsrausch vonstatten gingen. Für die Schwierigkeit der Sache liessen Sie ein ergreifendes Gefühl merken. Ich stelle eine sehr ernste Stimmung bei mir fest. Es ist wohl so, dass ein schweres Kunstwerk, wie etwa Schlacht, Seesturm, Gefahr, Gott am nächsten bringt, indem es den Aufblick nach Segen, Hilfe, Gnade, eine religiöse Seelenverfassung erzeugt.

Ihr T.M.

Für Ihre Gesundheit das Beste! Sie haben sie im Dienste des Landes *nicht geschont.*

[Aus dem Tagebuch 1943]

Pacif. Palis., Freitag den 24. XII. 43 /Weihnachtsabend/
Fortdauer des lichten Wetters. /Vormittags am IX. Kapitel./ Allein gegangen. Zum Lunch Eintreffen mit Golo in Uniform. Begrüßung draußen. Freude des Pudels. Über seinen Dienst, den sympathischen Geist in der Army (bis auf die politische Unwissenheit u. Ungläubigkeit), die Kriegslage. Telegramm von Erika über die Begegnung der drei Schwestern in New York. –

Nachmittags ein paar handschr. Briefe. Anzünden des Bäumchens und Empfang von K.'s Geschenken zugleich mit der Rede des Präsidenten an das Heer und die Bevölkerung. Deutschland zu entwaffnen, aber nicht zu versklaven. Aufrechterhaltung des Friedens durch die großen Vier, wenn nötig durch Gewalt. – Festliches Abendessen zu dritt mit gebratenen Tauben u. Champagner. Musik gehört und gelesen.

Pacif. Palis., Sonnabend den 25. XII. 43 /Weihnachtstag/
Sonnenwarm und schön. /Vormittags am IX. Kapitel./ Mittags marschiert und heimgefahren mit Eva Herrmann u. Golo, die vom Strande kamen. Jene zum Lunch. Kaffee auf der Terrasse. In Schönbergs Harmonielehre. Von 6 bis ½9 Brief an die Meyer. Golo bei Werfels und Franks. Mit ihm humoristisch über die Meyer. Große Inanspruchnahme der Eisenbahnen durch die Truppen. Deutliche und auch betonte Vorbereitung der europäischen Invasion, die, unter Eisenhower, zu 75 % von Amerikanern ausgeführt werden soll. Fortschritte gegen Rom (Cassino). – Schönbergs »Harmonielehre«.

Pacif. Palis., Sonntag den 26. XII. 43
/An IX versucht und gestrichen./ Gegangen bei Wüstenwind u. starker Sonne. Außerordentliche Föhn-Klarheit der Schneeberge. Heimfahrt mit Golo und Eva Hermann. Diese zum Lunch. /In Schönbergs Harmonielehre./ Nachmittags handschriftl. Briefe an Rastede, Hatvany (Oxford) u.a. Nach dem Abendessen Neumann. Vorlesung für ihn und Golo aus Faustus: die Stadt, Harmonium und Opus 111. Großer Eindruck, namentlich durch das Deutsche. Spät.

[Aus dem Tagebuch 1944]

Pacif, Palis., Sonntag den 24. XII. 44. Weihnachtsabend.
9 Uhr auf. Juice, Flocken, Ei und Thee. Am Kapitel geschrieben bis ½1. Marschiert und von Medi geholt. Telegramm der Kirch-

wey, das mich bei meinem Versprechen hält. Nietzsche gelesen. Bessere Kriegsnachrichten. Flugwetter und kein Vorwärtskommen der Deutschen. Der Living Room von K. und Medi als Weihnachtszimmer hergerichtet. – Entschiedene Abneigung gegen das »Tagebuch eines Verführers«.

Pacif. Palis., Montag den 25. XII. 44. Weihnachtstag.

½9 Uhr auf. Einige Schritte mit K. gegangen. Nach dem Frühstück die /Nation-Message größtenteils geschrieben. Ankunft der San Franciscoer Familie. Begrüßung mit Frido./ Tonio von einem Schlafmittel benommen. Frido weniger schön, aber lieb und zart wie zuvor. Rezitationen. Besuch mit K. und Peter Pr. bei den alten Riebers. Nach Tische gelesen G. Brandes über Kierkegaard. Wichtig. – Tätigkeit im Weihnachtszimmer. Schrieb noch an dem Broadcast. Alle Familienglieder bei mir im Studio mit Eva Hermann als Gast. Dann Bescherung unterm brennenden Baum, brennende Wachsfiguren, Baum und Engel. Reichliche Gaben für alle. Angenehme Hausjacke, deren Ärmel zu verkürzen. Kalender, Berg- und Vieuxtemps-Platten und manches Willkommene. Erregtes Glück der Kinder. Dinner mit Indian und Champagner. Kaffee im Weihnachtszimmer. Unterhaltung nach Weggang der Kleinen bis ½12. Große Heiterkeit über eine Platten-Aufnahme von Fridos Rezitation »Paulinchen«, wie ein Schweizer Pfarrer. – Betrübt über meine Müdigkeit, die mich schnell nach Alleinsein verlangen ließ. Verabredung der Tauffeier Tonio's und Nica's. Pate der letzteren. – Churchill und Eden in Athen zu Verhandlungen mit den Parteien.

Pacif. Palis., Dienstag den 26. XII. 44

½9 Uhr auf. Bei sonnigem Wetter weiterer Rundgang. Frühstück mit den Enkeln. /Schrieb das Broadcast zu Ende,/ dann noch etwas am Roman. Mit K. auf der Promenade. Viel Post, mehr Gratulationskarten als je. Briefe von Golo und Annette Kolb. Aufsatz »Nietzsche und T. M.« von Kaufmann. In /Brandes' »Kierkegaard«, sehr anregend./ Nach dem Thee Brief an die

Herz und Danksagungen. Die militärischen Nachrichten übel und verdächtig. Befürchtungen wegen der Demoralisation der amerikanischen Armee. Halb Belgien zurückerobert, die französische Grenze bedroht. Groteske Vorstellung, daß die Deutschen wieder nach Paris gelangen könnten. – Gehört abends: Violinkonzert von Berg, Violinkonzert von Vieuxtemps.

[An Agnes E. Meyer]

25. Dez. 45
1550 San Remo Drive
Pacific Palisades, California

Liebe Freundin,

gestern habe ich unterm Lichterbaum (wir halten immer noch an den Wachskerzen fest; es flimmert märchenhafter und duftet besser) Ihr hochwillkommenes Geschenk, die schöne Weckuhr, vorgefunden und eile Ihnen zu danken für Ihre Güte und freundschaftliche Aufmerksamkeit. Sie konnten nicht besser wählen. Meine Schweizer Nachttisch-Uhr erwies sich nachgerade als ausgedient, und nun ist sogleich elegantester Ersatz dafür da.

Katja's Hausfrauen-Herz ist entzückt von den reizenden Deckchen und Servietten, die wir wirklich nur auflegen sollten, wenn wir Gäste aus der allerobersten Gesellschaftsschicht bei uns sehen, wie etwa unseren Nachbarn, den Grafen Ostheim, der eigentlich Erbgrossherzog von Sachsen-Weimar und Königliche Hoheit ist. Er war ein »roter Prinz«, der den Kaiser, Preussen, das Militär verabscheute und früh der Erbfolge entkleidet wurde. Eine Amerikanerin hat er auch zur Frau. Kurz es ist weit mit ihm gekommen. Aber man merkt ihm von früher her immer noch etwas an, und er kokettiert mindestens so sehr mit seinem Hohenzollernblut wie mit seinem Liberalismus.

Wie komme ich nur auf ihn? Möchten Sie im Kreise Ihrer Lieben einen hellen, heiteren Weihnachtsabend verbracht haben und als die gross geartete Frau, die Sie sind, mutig und tatenfroh in ein neues Jahr dieser Weltkrise, die, ungeheueren Wandel bringend, noch lange weiterrollen wird, hineingehen! –

Ich wurde unterbrochen, es ist schon der 28. geworden. Was ich sagen wollte, ist: Wenn man sich Sorgen macht über das Schicksal der Demokratie in diesem Lande und in Melancholie verfallen möchte über die Funktionsstörungen und Niedergangserscheinungen, die sie aufweist, dann richtet man sich auf durch den Gedanken an Kräfte, Charaktere, Persönlichkeiten, die die Dinge denn doch wohl, ganz anders als in Europa, im Gleichgewicht halten werden, Kräfte und Persönlichkeiten wie Sie oder etwa Colonel Carlson, Organisator der berühmten Marine Raids, dessen nähere Bekanntschaft wir neulich beim Dinner des Independent Citizens Committee machten. Ich weiss nicht, ob Sie ihn kennen oder von ihm gehört haben: Ein vortrefflicher Mann, der beste Typ des amerikanischen Soldaten und Bürgers, gereist, gebildet, klarsichtig, voll des energischsten Wohlwollens. Besonders weiss er über China Bescheid, wo er lange gelebt hat, und es macht mir Eindruck, ihn sagen zu hören, dass der »kommunistische« Teil sich noch der relativ anständigsten Verwaltung erfreue. Diese sogenannten Kommunisten scheinen die eigentlichen Patrioten zu sein, ungefähr wie die spanischen Loyalisten. Der ganze Fall erinnert überhaupt stark an Spanien, und im Interesse unseres Ansehens wäre zu wünschen, dass er nicht zu stark daran erinnerte.

Der Ergriffenheit durch zeitliche, »moderne« Probleme kann man sich heute nur schwer entschlagen, weil sie deutlicher, als je, auf dem Hintergrund der ewigen stehen und mit ihnen zusammenfliessen. Aber Sie haben nur zu recht, wenn Sie die Betrachtungsweise des Lukács einseitig und ungenügend finden. Ich fühle selbst, dass man mir mit dem rein soziologischen Gesichtspunkt nicht gerecht wird. Aber immerhin, es ist ein Gesichtspunkt, und als soziologisch determinierte kritische Studie ist Lukács' Arbeit eine ernste, schöne Leistung, menschlich erfreulich durch ihre Wärme und den anständigen Respekt, der sich darin kundgibt. So schreibt über mich ein Moskauer Kommunist; und wie äussert sich ein in amerikanische Uniform gesteckter junger Deutscher namens Rosenhaupt, der sich bisher als »Verehrer« gab, und dem ich nur Freundliches erwiesen habe? Ich muss gestehen, dass sein Brief an Sie mich noch nachhaltig beschäftigt hat. Er ist mir ein unheimliches Beispiel der Korruption und Entfremdung durch die deutsche Luft. »Your friend Mann« und »one of his last attempts to play the mentor«, – das ist ja alles überraschend unverschämt. Ich war doch wohl das Bindeglied zwischen ihm und Ihnen, und ohne mich hätte er garnicht das Recht, Ihnen zu schreiben. Er sollte durch seinen Brief dies Recht verwirkt haben. Ich jedenfalls will nichts mehr von ihm hören.

Dass Ihnen der Dostojewski-Aufsatz auch auf englisch gefallen hat, sits smiling to my heart. Als Vortrag für Phi Beta Kappa war er ein grosser Erfolg, über den auch allerlei in die Presse gedrungen ist. Mein Gott, wieviel wohler und sicherer ich mich fühle auf geistig-literarischem Boden, als wenn ich glittering generalities über Politik zum Besten geben muss! Wo ich doch von Oekonomie und praktischer Politik garnichts verstehe. Mehr und mehr will ich das Ihre und Colonel Carlson[s] Sache sein lassen.

Nun freue ich mich auf Ihren Columbia-Vortrag. Versäumen Sie nicht, ihn mir zu schicken!

Das Hunter College will schon wegen meines nächsten Vortrags mit mir abschliessen. Ich nehme an, dass ich im April oder Mai wieder nach Washington kommen werde und denke zuweilen über das Thema nach. Das schwierigste, aber auch reizvollste und beziehungsreichste ist »Nietzsche«, etwa »Nietzsche und das deutsche Schicksal.« Würden Sie den Gegenstand billigen?

Ein Korrespondent von Time Magazine war bei mir, um mich im Auftrage seiner Redaktion zur Rede zu stellen: Ich hätte doch für dieses Jahr meinen Tod prophezeit, wie es denn komme, dass ich immer noch lebe. Es war nicht leicht, mich herauszureden.

Herzlich der Ihre T.M.

[Aus dem Tagebuch 1945]

Pacif. Palis., Montag den 24. XII. 45

/Weihnachtsabend./ Regnerisch. Frühstückte allein. Gleich nachher Ankunft Bibi's mit Familie. /Wiedersehen mit Frido, beglückend. Schrieb am Kapitel (Dunkelszene mit Schwerdtfeger, heikel.)/ Ging mit Frido an der Hand etwas aus. Zum Lunch Peter Pr. zu den anderen. Viel Post, auch europäische, französische. Brief von Golo. Nach der Ruhe /im Dunkeln hoffnungsvollerer Ausblick auf das Kapitel./ Ausfertigung von Briefen. Eva Hermann. 7 Uhr oder später Bescherung, nach einigem Gesang mit den Kindern bei mir zu Bibi's Bratschenbegleitung. /Lichterbaum mit Staniol-Streifen geschmückt./ Reiche und angenehme Geschenke. Neue Plattenart, klangvoll, Film-Technik und Plastik-Material (Bruch – Menuhin.) /Die Bübchen glücklich, die Japaner ebenso./ Champagner-Souper. Erheiterung durch die Kinder, die lange mit uns im Living Room. Peter Pr. übernachtet.

Pacif. Palis., Dienstag den 25. XII. 45. Weihnachtstag

8 Uhr auf. Gebadet. Kaffee getrunken. /Am Kapitel geschrieben. Gewagtheit. Auch vielleicht nicht in Übereinstimmung mit der früheren Charakterisierung Schwerdtfegers./ – Etwas gegangen mit K., Peter Pr. und dem kleinen Tonio. Frido mit den Eltern bei Heinrich. Familien-Lunch mit »Ursula« zum Besuch der Kinder. Beim Thee länger verweilt. Übertragung der Korrekturen auf die Durchschläge. Brief an die Meyer begonnen. Abends 9te Symphonie, alte Platten. Ich liebe im Grunde nur den langsamen Satz, der aber auch ein und dasselbe zu oft sagt. »Till Eulenspiegel«, keckes, hübsches Stück. Schenkte Peter Pr. beim Weggehen den punktierten seidenen Schlafrock. Las in dem Buch des Schweizers F. Gaupp über die Früh-Renaissance die Aufsätze über die Medici und Nikolaus Cusanus.

P. P. Mittwoch den 26. XII. 45

/An XXXIII gegen das Ende./ Gegangen und eingeholt von K. mit den Bübchen. Nachmittags einiges mit K. erledigt. Nach dem Abendessen mit K., Gret und Eva Hermann ins Fox Cinéma, Beverly Hills, psychoanalytischer Film, blöde. March of Time zeigte einen amerik. Prozeß gegen einen Mörder gefangener Flieger, der zum Tode durch den Strang verurteilt wurde. – Zu Hause Chokolade. Spät.

Einleitung für die Christmas Book Section der »Chicago Daily News«

[5. Dezember 1945]

Der Menschengeist ist tief bewegt und aufgewühlt durch die Krise, deren lebende Zeugen zu sein unserem Geschlecht vorbehalten war, – der größten und umfassendsten vielleicht in der Geschichte der Menschheit, und die sehr möglicher Weise noch furchtbarere Erschütterungen, Umwälzungen, Leiden und Untergänge im Schoße trägt als diejenigen, die schon unser Teil waren. Die Anstrengung des Gedankens, der Lage Herr zu werden, sie zu analysieren, zu klären, das Notwendige zu erkennen, Mittel und Wege zur Lösung, zur Rettung aufzuzeigen, – diese Anstrengung, fieberhaft oder besonnen, wie sie sich nun darstellen, ist universell; sie reicht von der Sphäre höchster philosophischer und formaler Erudition und Geübtheit tief hinab in diejenige bemühter Hilflosigkeit und apokalyptischer Grübelei, – wobei ich an manches Manuskript denke, das mir vor Augen kam, und das nie gedruckt werden wird, weil es den Anforderungen publizistischer Kultur nicht entsprach, das aber ein ebenso rührendes Zeugnis der allgemeinen Ergriffenheit vom Schicksal des Menschen war wie irgend ein Werk berufener Denkarbeit, das als »Buch« zur Öffentlichkeit sprechen darf.

Das Schicksal des Menschen. Daß es um dieses, daß es ums Ganze geht, ist eine Sache des allgemeinen Bewußtseins. Was unsere Zeit an bedeutenderer Dichtung sowohl wie Kulturkritik und Geschichtsphilosophie hervorbringt, hat seine Wurzeln nicht in individuellen, nationalen, partikulären Problemen und Nöten; es ist eingegeben von der Frage nach dem Menschen selbst und seinem Geheimnis, seinem Woher und Wohin, seiner Stellung im All, seiner prekären Existenz als ein der animalischen Natur zugehöriges und dabei dem Geiste verbundenes, auf ihn verpflichtetes Wesen. Von diesem Ergriffensein zeugt die mythisierende Epik unserer Tage, zeugen die Dichtungen der Joyce und Broch nicht weniger als Werke wie Reinhold Niebuhrs »Nature and Destiny of Man« und »Man the Measure« von Erich Kahler.

Vielleicht nie zuvor hat die Frage des Menschen, das humane Problem in seiner Totalität so fordernd vor dem Blick jedes irgendwie zur Verantwortung Berufenen gestanden. Dabei lehrt uns unser Erleben, daß das Menschliche immer als Ganzes, in allen seinen Stufen und Stadien, zeitlos also gewissermaßen, auf Erden gegenwärtig ist: Die Idee des historischen Fortschritts wird korrigiert durch die Einsicht, daß stets alles zugleich vorhanden ist, daß das Älteste, Urtümlichste, Niedrigste, im kulturellen Sinne Unheimlichste neben dem Entwickeltsten, Vorgetriebensten fortbesteht, anachronistisch nicht im Sinne der Zeitwidrigkeit, sondern in dem der Zeitlosigkeit und des Immer-Seins, und daß es mit alter Kraft das Geschehen, wie uns scheinen will, entscheidender bestimmt, als die geklärte Vernunft, der wissende Geist.

Dieses Neben einander Bestehen von allem ist wohl die charakteristischste Erfahrung unserer Tage, und sie verleiht unserem Verhältnis zum Menschlichen und seiner Zukunft eine ganze eigentümliche Mischfarbe von Zweifel und gläubigem Stolz. Der Wahn eines humanistischen Forschrittsglaubens, über gewisse Dinge sei die Menschheit hinaus, ist als Wahn erkannt. Sie ist über garnichts hinaus. Vor unseren Augen hat der Instinkt, das Unterste und Primitivste, haben Grausamkeit, blinde Machtlust, dumpfer Aberglaube, die Gebundenheit an einen vorreligiösen, mythologischen Seelenzustand ihre Blutfeste gefeiert und fahren fort, orgiastisch, ohne die geringste Selbstkritik, in vollendeter Dummheit, sich auszuleben. Sache des entwickelten Menschengeistes ist es, vor dieser Demonstration der Gleichzeitigkeit nicht wehleidig zu verzagen, sondern angesichts ihrer eine gewisse philosophische Härte zu erlernen, ohne doch weder an seiner natürlichen Zartheit noch an seinem Stolz, seiner Liebe und seinem Glauben seinem Willen zum Gottgewollten etwas einzubüßen.

Das Geistige und Gute besteht neben dem selbstbefangenen Instinkt, die Freiheit neben dem Interesse, der reine Wille neben dem dumpfen Triebe. Der konkrete Träger aber des freien und wohlwollenden, zwar machtlosen, aber mit inniger Geduld um den Menschen werbenden Gedankens ist das Buch. Ich meine, versteht sich, das gute, um Erkenntnis bemühte und nach dem besten Stande vernünftiger Einsicht Rat gebende Buch, – an welchem heute gewiß kein Mangel ist. Die geistige Bemühung der Zeit um das Rechte, um Rat und Rettung entspricht ihrer Not; sie ist imposant und rührend. Überall in der Welt wird mit Eifer gedacht, geschrieben und gedruckt, und der Beitrag Amerikas zu der vielstimmigen Diskussion ist unleugbar bedeutend – vielleicht ist er der allerreichste.

Durchaus ist es ja möglich, daß die Menschheit blind und töricht dem Bösen in den Rachen rennt, und, wenn sie nicht darin umkommt, doch in neuen, noch unvorstellbaren Katastrophen büßen muß. Sie wird dann wenigstens nicht sagen können, daß es aus Unberatenheit geschehen sei. Ein schwacher Trost, aber ein Trost immerhin wird es dann sein, daß alles da war, daß auch das Gute und Vernünftige sich anbot von Einzelnen gedacht, gesagt und gewollt wurde. Bücher werden das bezeugen.

Ich will zum Schluß meines kleinen Beitrages für die annual Christmas book section dieser Zeitung dem guten Buch den Namen geben, den es verdient. Ich will es den *Ehrenretter der Menschheit* nennen.

Die Entstehung des Doktor Faustus

Weihnachten 1946 war schwül, der Himmel zum Regnen geneigt. Am 23., noch mit der Kantate beschäftigt, dachte ich lebhaft zurück an die Kindheit, wo schon an diesem Abend Bescherung im Elternhaus war, da der Heilige Abend selbst der frommen und prächtigen Feier im großmütterlichen Hause vorbehalten blieb, dessen Ruine, die allein stehengebliebene Fassade mit leeren Fensterhöhlen, ich nun so oft im Bilde sah. Bei schon geschmücktem Baum hörten wir im Radio Händels ›Messias‹. – Ich las Nietzsche's ›Ecce homo‹ wieder in diesen Tagen, offenbar zur Vorbereitung auf die Schlußabschnitte des Romans, las auch, nachdem das Buch mir viele Jahre verloren gewesen, in Joëls ›Nietzsche und die Romantik‹, aus dem ich als Jüngling viel gelernt und das ich antiquarisch wieder erworben hatte. Dieterles waren eben aus Europa, aus dem zerschmetterten Deutschland zurückgekehrt, schilderten das Elend, den Übelgeruch von Städten und Leuten und berichteten bitter von dem Wohlleben der in Lagern verwahrten SS-Mannen, deren Verpflegung der amerikanischen gleichgestellt war und die Sonnenbäder nahmen. Der Weihnachtsabend entbehrte der Enkelkinder diesmal; wir telephonierten mit Erika und Klaus in New York, mit den Kindern in Mill Valley, mit Frido. Die ›Neunte Symphonie‹ erklang, sehr passend zu meiner Beschäftigung, beim Abendkonzert. Nie hatte ich das Scherzo und das Adagio mehr bewundert – und brachte wieder einmal keine Liebe auf für den verzettelten letzten, den Variationensatz. Ich arbeitete an dem Roman jeden Vormittag und las Dostojewski's ›Aus einem Totenhaus‹ wieder durch in den letzten Tagen des Jahres. Es regnete schwer. Das Treiben des ›Committee of Un-American Activities‹, das sich eben gegen die offenbar kommunistisch verseuchte Library of Congress wandte, bedrückte und empörte mich. Dr. Hermann Rauschning und seine Frau waren kurz vor Jahresende bei uns zum Abendessen. Das Gespräch war politisch: Nach seiner Meinung waren die Deutschen als Volk nicht mehr möglich; was bleibe, sei der Deutsche als Individuum. Wünschenswert schien ihm eine europäische Föderation mit Einschluß der deutschen Einzelländer unter Verzicht auf den Reichsnamen. –

Tagebücher 1947–1952

[1947]

P. P. Mittwoch den 24. XII. 47. Weihnachtsabend

Sommerhitze, absurd. Brief von Sternberg, London, über die elende Lage der Anti-Nazi-Schriftsteller in der englisch-amerikanischen Zone. – Briefe an Rychner und Helbling. Gegangen zum Alten Haus. Ausbleiben der Faustus-Exemplare, auch anderer erwarteter Sendungen. Langer Brief von Brantl über u. gegen den Nietzsche-Aufsatz, der ihm viel zu duldsam. – Entsetzlich schlechte Übersetzung der Hanno-Einleitung durch Taylor. Korrigiert von Erika. – ½8 brennender Tannenbaum und Bescherung in Gegenwart der Gäste: Walters, Onkel und Sohn, Eva Hermann. Ostasiatische Gegenstände, Wäsche, Platten, schöner bequemer Schaukelstuhl für mein Schlafzimmer. Champagner-Souper mit Gänseleber und einer exquisiten Kraftbrühe vor dem Brathuhn. Mit Walter kurz über den Adrian. Nach dem Kaffee, während des Spiels der Pastorale, einbrechende Ankunft der Leutchen aus San Francisco mit dem Hunde Micky. Die guten Bübchen. Herzliches /Wiedersehen mit Frido./ Beschenkung, Tumult. Die Gäste gingen ½12. Bettung der Knäbchen bei K. auf Couch und Liegestuhl. Der kleine sehr unruhig. Ihre liebe Zutraulichkeit. Gute Nacht-Winken.

P. P. Donnerstag den 25. XII. 47, Weihnachtstag

Anhaltende Sommerhitze. Morgens die Bübchen bei mir. Frühstück mit ihnen auf der Terrasse. – Gestapo-Akten, Liegnitz, deren Gegenstand der aus dem Englischen rückübersetzte Bonner Brief. Idiotisch. – Brief an F. Stössinger. Brief an Vikko begonnen. Gegangen bei fast unleidlicher Hitze und von Erika eingeholt. Nachmittags rasiert. Nachforschungen über Hartmann v. Aue und seine Legende. Zum Abendessen Heinrich, der junge Arthur und Eva Hermann. H. erstaunt über Neiders Anthologie. Spielten einige neue Platten. Frido mit schöner Eisenbahn. Der neue Stuhl ins Schlafzimmer geschafft. Der Zürcher Globus-Stuhl auf die Diele exmittiert.

P. P. Freitag den 26. XII. 47

Blau und hochsommerlich weiter. In Griechenland antikommunistische Aktion; Massenexekutionen wahrscheinlich bevorstehend. – Die Bübchen schon früh bei mir. Frühstück mit ihnen auf der Terrasse. Plakat für Fridos Lebensmittel-Laden gezeichnet, sehr zu seiner Zufriedenheit. »Ein guter Opapa!« – – Brief an Dr. Brantl, Prien, in Sachen Nietzsche. Ein anderer nachmittags an die Senderin eines Mts. über N. – Nicht gegangen der Hitze wegen. Gelesen /in Scherers deutscher Literaturgeschichte über das Anfängliche./ Abends Othello-Platten. – Erika bei Marcuse: Sein Manuskript über Faustus. »Linkisch«.

[1948]

P. P. Weihnachtsabend 1948

Klar und kalt. Die Bübchen auf ihrer »Wolkenwiese«. Sauber beim Frühstück. Die Eltern bleiben 14 Tage, die Kinder Monate lang. Möchten K.'s Kräfte nicht überfordert werden! Felix im Gefängnis. Interimistische Hilfe für sein Weib. – Wenig geschrieben. Müde. Ging mit Frido über den Boulevard. Viele Briefe zu lesen. Ein sehr erfreulicher über den Faustus von Roger Session. »New Leader« über die Musik, als Nachschrift zu einer übersehenen Besprechung. – 7 Uhr brennender Baum und Bescherung mit Schwager Klaus, dem Sergeant und Eva Hermann. Die Bübchen glücklich. Bekam hübsche Stutzuhr unter Glas. Walters und Lind zum Souper. War appetitlos und litt unter tiefgehender Müdigkeit, erzeugt teilweise durch Nachrichten von Hesse, Basler, Widmann über die Zustände in der Schweiz und Bösartigkeiten gegen mich.

P. P. Weihnachtstag 1948

Albernheit der Friedenssentimentalität in den Blättern nach täglicher Hetze. Mit den Bübchen gefrühstückt. Vormittags Briefe geschrieben. Mit K. ausgefahren. Nachmittags Diktate und Besprechungen mit K. (Hatzfeld; die unerlaubte Schweizer »Schopenhauer«-Ausgabe.) Heinrich zum Abendessen. Vorführung des unwahrscheinlichen »Hexenliedes«, gesprochen von Wüllner. Musik von Schillings. – Mit Erika Aufstellung der neuen Uhr im Studio unter K.'s Bild.

P. P. Sonntag den 26. XII. 48

Sehr kühles, halbbedecktes Wetter. Sehr amüsiert über ein Maharadscha-Portrait in der Zeitung, den Kopf voller Edelsteine, Schnurrbart, Zwicker, Orden. Hinter ihm amerik. Captain. Symbolisch-grotesk. – Truman hält Marshall im Amt. – – Widerwillige Beschäftigung mit dem Brief nach Tokyo. Gegangen A[malfi] Dr[ive] ganz hinab. Nachricht, daß »Commentary« den Aufsatz Kahlers hat fallen lassen und einen Angriff gegen mich wegen Antisemitismus gebracht hat. »Aufbau« will antworten. Passage aus den Erinnerungen für Marcuse. – Las Frido vor. Schrieb Brief an Lesser. Las abends in »The Universe and Dr. Einstein«. – Regen.

[1949]

P. P. Sonnabend den 24. XII. 49. Weihnachtsabend

Gestern Vormittag Ankunft der 4 Borgeses, eingeholt von Erika, die sich zu Medis Kummer streng verhält. Auch zu unserem. – Arbeit an dem Artikel über »Extempore«. – Klares Wetter, starke Sonne. – Bescherung um 7 Uhr, aufgeregte Beglücktheit der Kinder. Walter, Linds und Eva Hermann, Klaus Pr., der junge Winkelmann, und Golos Ed dazu. Alle Welt von K. erfreulich beschenkt. Modernisierung des Musikapparates nebst Aufnahme-Maschine. Desk-Federn. Diner mit Champagner zu 15 Personen. Begeisterung des jungen Amerikaners: »Gi, Erika, that was quite an evening! The champaign, the conversation …« Große Heiterkeit über Erikas Klebe-Zeitung und über Fridos Brief mit dem Katalog von Auto-Marken. Platten von Corelli und César Frank. War oft ermüdet vom Stimmengewirr, hielt aber aus. Schöner Kerzenbaum. ½12 zu Bette.

P. P. Sonntag den 25. XII. 49. Weihnachtstag

Klares Wetter. Erika zum Morgenkaffee, da sie Medi hinabverwiesen. Lärm Borgeses beim Aufstehen vor Tag. Frühstück mit den Töchtern u. Enkelinnen. Präokkupiert immer von dem explosiven Artikel für den »Aufbau«. – Arbeit hieran vormittags und Notizen dafür nachmittags. Abends Versuche mit neuen records auf dem neuen Apparat. Borgese erregt über vermeintliche Verfolgungen. Sanftmut Medi's, die ihn reizt. Betrübliche Spannung von Erikas Seite mit Borgese u. der armen Medi.

P. P. Montag den 26. XII. 1949

Klares Wetter. Medi zum Frühkaffee. Sie reitet aus mit Golo und Ed. – Schnell geschrieben an dem wahrscheinlich unmöglichen Artikel. Ausgefahren u. gegangen mit K. Abfahrt der jungen Männer. Mehreres Handschriftliche erledigt. Abends für Borgeses, i. e. für Medi Vorlesung des Kapitels »Die Fischer von St. Dunstan«. Schweres Perorieren Borgeses über einen Diktaphon-Apparat. Später zwischen K. und Medi Auseinandersetzung über Erikas politische Vorwürfe, die wenigstens zum größeren Teil ihrer Gemütsverfassung entspringen.

[1950]

P. P. Sonntag den 24. XII. 50

Weihnachtsabend. Sehr warmes Wetter. – Die Art, wie General Walker in Korea umgekommen, sehr unklar und verdächtig. – Hoovers Isolationismus findet so viele Anhänger unter Republikanern und Süd-Demokraten, daß es zweifelhaft wird, ob die Gelder für die Bewaffnung Europas werden bewilligt werden.

Die tatsächliche Uneinigkeit des Landes, von Truman beharrlich geleugnet. – – Beschäftigung mit den Hochstapler-Papieren u. dem gedruckten Text. Mit K. in Santa Monica. Viel Post. Kobold-Brief von Lion. T.M. issue der »Germanic Review«. Eher quälend. Genug, genug. Über »Holthusen« wird auch mit halber Zustimmung geschrieben. Weigand über Viccos Buch von wahrem Enthusiasmus. Muß übersetzt werden. – – Sehr heiß. Ruhte etwas im Studio. Früh kamen die Weihnachtsgäste: Neumanns, die Gemme, Klaus Pr. und Sohn. Gesang im Arbeitszimmer. Lichterbaum, Bescherung. Vergnügen. Mein Tischchen bedeckt mit vielen nützlichen Dingen und einer Fülle willkommener Grammophon-Platten: Schumann-Lieder, Holländer, Lohengrin, Fledermaus, z.T. die vollständige Oper. Kerzen-Diner mit Champagner. Neumann berichtet nach dem Brief eines Schweizer Freundes über Funchal auf Madeira. Aufführung des sehr komischen »Wort im Gebirge« von Erika. Da capo. Alles erfreut über gute Gaben. Sehr müde.

P. P. Montag den 25. XII. Weihnachtstag 1950

Erika beim Morgenkaffee. Über den Plan eines kleinen Buches bestehend aus »Michelangelo«, Wagnerbriefe, Shaw und dem japanischen Brief, dazu vielleicht »Meine Zeit«. – Bad. Kaviar zum Frühstück. Golo reist nach Chicago zu einer Historiker-Convention. Der tolle Borgese will mit den Kindern nach Italien fahren und Medi, die auf ihr Amt in Rom verzichtet hat, allein zurücklassen. Bedenklichste Zustände dort. – Ging die letzten, ungedruckten Teile des »Krull« durch. Zu maniriert aus Ermüdung. Wäre umzuarbeiten. Ging allein Amalfi Drive. Las im Helmolt über prä-reformatorische Dinge. Schwankende Arbeitsabsichten, ungewiß wie die äußere Zukunft. – Nach dem Abendessen zu dritt mit Erika zu Temiankas, wo das Quartett in bewundernswerter Zusammenarbeit Schubert (Tod u. Mädchen), einen modernen Franzosen und Beethoven 131 spielte. Dieses sehr großartig. Kleiner Kreis, worin das Weibliche vorherrschend. Bewirtung nach dem Spiel, das eine Generalprobe für Konzerte und recordings. Über die Ausstellung eines neapolitanisch-amerikanischen Malers in Museum, von Picasso herkommend. »Man sollte –« – – Nachmittags hörten wir des Längeren aus dem »Holländer«, dessen religiöser Gehalt mir recht deutlich wurde. Christliche Mystik in Senta's »Schwärmerei«. Abweisung des Bürgerlichen (Erik) um der Heiligkeit willen. »Was will dein Leiden besagen im Vergleich mit dem jenes Dulders!« Das alles in einer Oper sehr neu. – Erst gegen 2 ins Bett.

P. P. Dienstag den 26. XII. 50

Bis 8 durchgeschlafen. Leichter Regen. Kaviar zum Frühstück. Schrieb merkwürdiger Weise zum erstenmal wieder nach 40 Jahren am »Hochstapler« weiter, nämlich am Schluß des abgebrochenen 4. Kapitel des II. Teils, vor der Militär-Untersuchung. – Ausfahrt mit K. u. dem Pudel. Nachmittags die Kahn zu Brief-Diktaten. Elegante Champagner-Gänseleber-Chokolade-Kombination von Fritzi Massary, die ich anrief. Hörten abends den »Holländer« zu Ende. Noch ganz romantische Heiling-Oper mit schon echt Wagnerschen Einschlägen der geistigen Absichten und der Machart. Ein paar unentschuldbare Längen. – Brief der Servicen: Fortdauer des Faustus-Erfolges in Paris. Urteil Duhamels: »Ce n'est pas un essay, ce n'est pas un roman, c'est une somme, un grand livre, composé de pages remarquables.« – Abends sehr schwerer und erschöpfender Hustenanfall durch Luftröhrenreizung.

[1951]

P. P. Montag den 24. XII. 51 Weihnachtsabend

Leichter Nebel. Beim Frühstück heftiges Verschlucken. Konnte kaum wieder zu Atem kommen. – Makrokosmische Exzerpte. – Wenig gegangen. – Viel Post: von Albr. Goes, der Servicen, Agnes Meyer, Kesten etc. – Schrieb an Kesten. – Nachmittag 38° Fieber. Feuchtwangers u. Lotte Walter kamen zum brennenden Baum. Champagner-Souper. Nachher Marcuses. Blieb bis ½11 dabei. Erika ließ ihre Amerika-Satiren hören. – Von Feuchtwangers die Köstlin'sche Luther-Biographie, die Overbeck besessen. Lenz' Gesammelte Werke. Platten und nützliche Dinge.

P. P. Dienstag den 25. XII. 51 Weihnachtstag.

Morgens fieberfrei. Schwarze Zunge zum Zeichen der Infektion. Im Bett gefrühstückt. Leichte Schädelschmerzen. Sehr matt. Stand ½11 auf, da das Bett nicht mag. Erwarte, daß Temperatur wiederkehrt. Die Nacht war ruhig. – Betrachtete die Geschenke. Etwas exzerpiert. Sonst nichts geschrieben. Nicht ausgegangen. Nur ganz leichte Übertemperatur, aber sehr matt u. müde. Lag auf dem Sofa. Ging nachmittags zu Bette. Ca ½5 Uhr Erdbeben mit Schwanken des Bettes, Knacken und Anklingen. Keine Ruhe. Was mir im Bette fehlt, ist das Keilkissen. Sollte beschafft werden. – Las über Luther. Hörte abends naiv-schönes Weihnachtsoratorium von [Lücke i. Ms.] und Volkslieder, gesungen von [Lücke i. Ms.]. Traurigkeit des Volksliedes.

P. P. Mittwoch den 26. XII. 51

Keine Temp.-Erhöhung. Stand also auf, trank Kaffee wie gewöhnlich und rasierte mich. – K. und ich ergriffen von einer erstaunlich mutigen Rede, die Rev. Fritschman beim Bankett einer Rechtsanwaltsorganisation gehalten. Vorzüglicher Mann. – Der Waffenstillstand in Korea wird verschleppt, weil man im Grunde weiß, daß die Wiederaufnahme des Krieges nachher den Weltkrieg bedeuten würde. – Elend, verdüstert, aussichtslos. Sehnsucht nach Erlösung. Schrieb an den Verfasser von »The Universe« wegen einer vermeintlich falschen Rechnung, die sich dann aber als richtig herausstellte. Ging mittags etwas in der Nähe mit K. Aber die Sonne schadete mir sehr. Kein Fieber. Besser, ich hätte welches. Stockende Infektion. Nachmittags ruhelos. Wenn ich meinen Entschluß kundgebe, das Haus zu verkaufen, so wühlt K. die Gegenargumente auf. – Knopf schreibt, daß er »Buddenbrooks« an einen Verlag als Taschenausgabe verkauft hat, wofür ich 5000 Dollars und mehr erhalten werde. Auch eine deutsche Verfilmung von »K.H.« scheint vor dem Abschluß zu stehen. – Zum Abendessen Erikas Freundinnen. Champagner. Appetitlos, müde und leidend. Früh hinauf. Am besten ist schlafen. Erwache ungern.

[1952]

Zürich, Mittwoch den 24. XII. 52. Heil. Abend.

8 Uhr auf. Nebel, aber windstill u. kein Regen. K. früh zur Stadt. Frühstückte allein. – K. kehrte erst ½ [?] von ihren Besorgungen zurück, hatte, was noch an Pack-Arbeit blieb arg unterschätzt. Schwerer Tag, auch für mich. Wir aßen 1¼ Uhr, nahmen Abschied von den Saal-Angestellten. Dann ging es weit[er] bis 5 Uhr. Es folgte das Beladen des Autos. Vieles noch zurückgelassen und zurückgeblieben. Endlich vor 8 Uhr (anstatt mittags) Abfahrt im überlasteten Wagen über Zollikon. – –

Erlenbach, Donnerstag den 25. XII. 52. Weihnachtstag

Trafen gestern am späten Nachmittag im neuen Haus ein. Freundliches Abendwetter mit Stern. See und Berge gut zu schauen. Erika, Marie und das alte Aushilfsmädchen. Teppiche und geliehene Möbel. Weihnachtsbaum im Wohnzimmer. Bücherschränke im Arbeitszimmer erfreulich. Saß in meinem Schlafzimmer beim elektr. Ofen, erschöpft, mit abenteuerlichen Gefühlen. 7 Uhr holte E. die Bübchen. Der schlanke Frido meine Wonne. Er war zärtlich. Aufgetischte Geschenke für die Kinder. Später Abendessen mit ihnen. Sie wurden ½11 Uhr wieder fortgebracht. – Blumen, Geschenke von Wein und Genußmitteln. Tief ermüdet. Ca ½1 zu Bette. Gute Nachttischlampe.

Nachts verschlimmerte Erkältung, rasselnde u. beengte Luftröhre. Nahm gegen Morgen den lösenden Saft u. schlief nur schwer wieder ein. Rektal-Jucken, mit Alkohol betäubt. Zu starker Reiz. – ½9 auf. Thee und Spiegelei im Eßzimmer. K. hatte Kaviar besorgt, der sich als ungenießbar erwies durch unbegreiflichen Mißgeschmack. – Es fehlen die Weine von Dieterles und

Liqueurs. – Unsinnige Menge von Bücher-Packeten und Briefen, die mich den ganzen Vormittag beschäftigen. Packpapiermassen in den Keller. Wie das alles je zu beantworten, schwer zu denken. – Der Himmel klar. Kam aber nicht hinaus. Trank Eierkognac. – Die größte Wirrnis wird noch kommen, wenn der Tisch eintrifft. – – Aber es ist gut, wieder einen rechten Schreibtisch in besonderem Arbeitszimmer zu haben. Überhaupt Zufriedenheit mit der privacy. – Aßen gut und einfach zu Mittag und tranken Kaffee im Wohnzimmer. Sah Papiere durch und ruhte auf dem Bett. Zum Thee die Damen Oprecht und Pfister. Vorläufiges Einräumen von Büchern. – Die Kleinheit des Wohnzimmers erregt Bedenken. Bedürfte eines Ausbaus. Frage, ob die alten Bücherschränke zu stellen (niedriger zu machen) sein werden. – Entwurf eines Briefes an Schumann. Etwas mißlich, da ja die Regierung in Neubildung begriffen. – Früher zu Bette.

Erlenbach, Freitag den 26. XII. 52. Zweiter Weihnachtstag
Nachts viel gehustet. Schwer belegte Luftröhre. K. zeitweise bei mir. ¾8 Uhr Kaffee mit dickem Rahm, köstlich. Frost; die Wiesenhügel bereift. Dichter Nebel. – Im Schlafzimmer elektrisch rasiert. Zum Frühstück unten Thee, Spiegelei und trockenen Speck, sehr wohlschmeckend. Höchst nützlich die elektrischen Kraftstrom-Öfen. – Schrieb den Brief an Schumann zu Ende. Ging mit E. etwas in der Nähe. Nachmittags den Brief ins Reine geschrieben. Telephon mit Schweizer. Beratungen immer über das Wohnzimmer. Oben ist alles geräumig genug (vorläufig), aber das Problem jener Beschränktheit wäre nur durch Neubau lösbar.

An Agnes E. Meyer

den 24. XII. 52
Zürich

Liebe Freundin,

zum Weihnachtsfest habe ich Sie schon begrüsst. Rechtzeitig möchte ich auch noch meine herzlichen Glückwünsche zum Neuen Jahr hinübergelangen lassen zu Ihnen und den Ihren. Möge 1953 ein Jahr des Segens sein für Sie und Ihr grosses Land, auf dessen Schicksal Sie mit so mütterlich kluger und gütiger Ratgebung einwirken!

Wir werden den heutigen Abend schon in unserem neuen Heim in Erlenbach am Zürich-See verbringen – in einer Stimmung, gedämpft durch den plötzlichen Tod unseres Schwiegersohns, Antonio Borgese's. Sie haben davon gehört? Es war eine Gehirn-Trombose, und das Scheiden des 70jährigen war von gnädigster Milde. Er schlief lange, wachte noch einmal auf, schlief wieder ein – und entschlief. Man kann sich nichts Besseres wünschen.

Die arme kleine Medi ist nun freilich sehr verlassen. Aber sie ist jung, gescheit, liebenswürdig – wirklich hat jedermann sie gern –, und so wird sie ihren Weg durchs Leben schon weiter finden.

Mir geschah eine Weihnachtsfreude: Durch Dekret vom 16. des Monats ist mir »La Croix d'Officier dans l'Ordre de la Légion d'Honneur« verliehen worden. Ich muss sagen, dass keine Ehrung meiner Arbeit mir je soviel Vergnügen gemacht hat. In der offiziellen Mitteilung heisst es: »Cette distinction est un hommage de la France à l'exceptionnelle valeur et à la signification mondiale de votre oeuvre littéraire ainsi qu'à la lutte que vous n'avez cessé de mener dans l'intérêt de la liberté et de la dignité humaine.«

Es würde mich freuen, wenn die kleine Nachricht auch in Amerika verbreitet würde.

Immer der Ihre Thomas Mann

Tagebücher 1953/54

[1953]

Erlenbach, Donnerstag den 24. XII. 53. Weihnachtsabend. Gestern war nach Tische der junge Katzenstein da, besuchte mit K. das Turmhaus, gegen das viele Bedenken sprechen. Nahm die Pläne dazu aber auch die Pläne von diesem hier mit, das vielleicht gekauft und umgebaut werden kann. Wann wird dieses Problem zur Reife und Ruhe kommen? – Wiederkehr des Nebels! – Frühstück mit den Buben. – Bin froh, wenn ich die nötigste Nahrung in mich hineingebracht. Sollte natürlich weder morgens Kaffee trinken noch rauchen. Lohnt es aber, auf das bißchen Behagen zu verzichten? – – K. gleich nach dem Frühstück noch einmal zur Stadt. – Zur Arbeit gesetzt. Mittags mit dem Hund gegangen. Nach Tische in Fontanes Briefen. Nichts mehr nach dem Thee. Umgekleidet und Posteinlauf durchgesehen. Die K. Fiedler-Biographie Marées' mit Abbildungen. Ein ernstes Leben. – 7 Uhr Bescherung. Vorher alle im dunklen Eßzimmer, Lieder singend. Das kleine Wohnzimmer wohl organisiert. Schöner Tannenbaum. Allgemeines stilles, warmes Vergnügen. Hübsche Dinge für mich, Mozart u. Brahmsplatten, Schlafrock, Gaben von Schweizer und Emmy Oprecht, Malaga, Cigarren, Duftwasser, Seife, Taschentücher. Die Magd nobel beschenkt. Frido hatte mir einen Aschenbecher mit dem Schweizer Kreuz gearbeitet. Champagner-Souper mit Golo u. den Kindern. Caviar, Rehrücken, Reiscreme. Nachher Musik, wobei sich der erneuerte Apparat bewährte. Vortrefflicher Aufsatz über die Betrogene von Rychner in der Weihnachtsnummer der »Tat«, die Golo mitgebracht. Frido rauchte mit ruhiger Würde eine Cigarette. – Hübsche Gratulationskarte der Claire Goll, aufgeklebtes Glückskleeblatt. – Wahl Coty's zum franz. Präsidenten.

Erlenbach, Freitag den 25. XII. 53. Erster Weihnachtstag

8 Uhr auf. Bläulicher Himmel, klare Berge. Eher ein Märztag. Wunderliches Jahr. Frühstück mit den Buben. Stollen. – Bin wohl der einzige Mann weit und breit, der sich heute zur Arbeit setzt. – Am Kapitel. Den Schluß finden! – Mit K. etwas gegangen. – Zum Thee Dr. Rümelin und Frau. Abrede wegen der Sendung des Mts. nach Bonn, Ausw. Amt. – Handschriftl. Korrespondenz. – Mißmut wegen nachteil. Wirkung der Umarbeitung auf das Grammophon. Unleidliches Nadelgeräusch. Zu protestieren. – Regen.

Erlenbach, 26. XII. 53, Sonnabend

½8 auf. Trüb, regnerisch, Schnee auf den Bergen. – Elektrisch rasiert u. gebadet. – Gesalzenes Gänseschmalz seit Kindertagen ein wundervoller Geschmack (auf Schwarzbrot). – Massenhafte Post, zurückgelegt bis nach Tische. – Schloß das III. Buch und damit den »Ersten Teil« der Krull-Memoiren ab. Etwas ist abgetan, wieviel es nun wert sei. – Ging mit den beiden Buben und dem Hund zur Kittenmühle. – Zu Tische Lion, angenehm. Er brachte ein seiner Versicherung nach wichtiges Buch: »Goethe in seinem Werk«. Zu lesen. – Zum Thee im Vorsaal Emmy Oprecht. Viel über die Hausfrage. Der Umbau hier tritt wieder zurück und die feste Burg in den Vordergrund. Die Terrain-Frage zu klären, ebenso der Zustand der Heizung, des boilers etc. unter Zuziehung eines Technikers. – Schrieb dankend an Rychner und noch etwas. – Nach dem Abend zum Türkischen Vorlage und Lektüre ausgewählter Post. Dann Vorlesung des 11. Kapitels mit dem »Holé«-Schluß. Der Vorname der Ibererin: Isabella wechselt mit Elvira. Ich meine, er soll Maria Pia sein. Die Corrida wahrscheinlich sachlich inkorrekt und nicht so gut wie der Cirkus. Halb befriedigt. – Erstaunliche Abhandlung des Theologie-Professors Ernst Steinbach »Gottes armer Mensch«, Erweiterung eines Aula-Vortrags in Tübingen, erschienen in der [»]Zeitschrift für Theologie und Kirche«. Gilt hauptsächlich dem »Faustus« und dem »Erwählten« unter zitierender Zuziehung des »Zbg.« und des Joseph. Zurückweisung des Feindlichen und der Beschränktheit (Holthusen, Grenzmann). Vollkommene Liberalität, erstaunlich künstlerische und psychologische Orientiert[heit], ergreifende Anerkennung der Religiosität, nach der die Frage »in jedem bedeutenden Werk der Dichtung enthalten ist«. Trotz manchem ähnlich Vorangegangenen eine bewegende Überraschung. – Erhitzt, erregt, benommen.

[1954]

Kilchberg, Freitag den 24. XII. 54. Weihnachtsabend

Helleres Wetter, leichte Schneedecke, leichter Frost, noch Wind. – Gebadet. Frühstück mit Frido, der lustig war, viel aß und sich über Vikkos Familienbuch, besonders über die Verse aus dem verschollenen »Bilderbuch für artige Kinder« amüsierte. – Glückwunsch-Telegramme und Karten von allen Seiten, viele aus Amerika. Die lagernde Post völlig unübersichtlich. – Ein Kummer ist Erikas leidende Wut gegen die Leute vom »Spiegel« und ihr Machwerk; K. gequält, wie so oft, vom Extremismus ihres Hasses, verhehlt kaum den Wunsch nach Trennung. Mir bitter und traurig. – – Überholung des Schlusses, und Einfügung weiter vorn; Numerierung der Seiten, die auf rund 70 kommen, die Beiblätter eingerechnet. Die Qualität nicht zu beurteilen. – Ging allein ½ Stunde. – Die Herz schickte Faksimile eines Schiller-Briefes an die Schwester. – Nochmals Bücher u. Weihnachtspost. Hat nun hoffentlich ein Ende. – Aufstellung des Baumes auf der Diele. Schmückung. Nachmittags kam Toni. Vor der Bescherung mit den Buben im Dunkeln in der Bibliothek. Gesang. Reiche Gaben für alle. Frido sehr glücklich über seinen Chemiekasten. Mädchen Maria beglückt mit Geschenken und Geld. Selbst hatte Freude an meiner Bettdecke, dem zierlichen Operglas, dem Barometer, zahlreichen Musik-Platten verschiedenen Charakters. Auch als Weihnachtshaus bewährte das unsrige sich gut. Auf der weißgedeckten Abendtafel das Geschenk des Gärtners: bereifter Tannenaufsatz mit roten Kerzen. Nach dem

Kaffee von Erika bereitete Bowle, zu der der von Desch geschenkte Henkel-Sekt diente. Frido trank wohl sechs kleine Gläser davon. Man blieb bis 12 Uhr beisammen. Telephon mit Florenz.

Kilchberg, Sonnabend den 25. XII. 54. Weihnachten

Besuchte morgens die Buben in ihren Zimmern. Frühstück mit ihnen. Sie verbringen den heutigen Tag in Zollikon. – Schneegestöber bei 0 Grad. – Glocken. – Organisation des Manuskripts, Einordnung u. Markierung der Beiblätter für die Abschrift. Korrekturen. Gefühl der Verpflichtung, mich über den Wallenstein näher auszulassen. – Mit K. bei Schlackerwetter, Graupelfall u. etwas Glatteis unter der Nässe gegangen. – Die Buben in Zollikon. – Brief an W. Rilla. – Lion lange bei Erika, sich für sein Geburtstagsbuch beraten zu lassen. – Frido kam abends wieder, hatte viel gegessen und versuchte es mit noch mehr. Lachte sehr über Golo-Kindergeschichten, die Erika erzählte. Man spielte neue Platten, die sich als nicht sehr gut erwiesen. Eine Freude nur Schlusnus' Stimme und Vortrag. »Laß, o Welt, o laß mich sein.«

Kilchberg, Sonntag den 26. XII. 54

Frido nachts heftiges Erbrechen, das hoffentlich nur Weihnachtsvöllerei zur Ursache hat und keinen Rückfall in die Gelbsucht bedeutet. Betreut von K. Schläft in den Tag hinein. – – Müde und matt vom Föhn. Kopfweh beim Husten. Am Manuskript. Neubearbeitung des Wallensteinabschnitts. Ausfahrt und Versuch zu gehen, der aber Windes wegen nicht gelang. Rundfahrt. – Frido im Bett bei Krankendiät. Stand nachmittags auf. Ein paar Diktate: an Preetorius wegen Sternfelds und meines Honorars. An die Gemeinde Kilchberg zum Dank für ihre Glückwünsche. – Abends Vorlesung der Abschnitte über »Demetrius« und das Verhältnis zu Goethe für K., E. und Golo. Machte Eindruck. – Las das »Lager« und Teile der »Piccolomini«. Vortrefflich.

Quellenverzeichnis

Dem vorliegenden Band liegen folgende Ausgaben zugrunde:

Gesammelte Werke in dreizehn Bänden. Frankfurt am Main: Fischer Taschenbuch Verlag, 1990.

Große kommentierte Frankfurter Ausgabe (GKFA). Hrsg. v. Heinrich Detering, Eckhard Heftrich, Hermann Kurzke, Terence J. Reed, Thomas Sprecher, Hans R.Vaget, Ruprecht Wimmer in Zusammenarbeit mit dem Thomas-Mann-Archiv der ETH, Zürich. Frankfurt am Main: S. Fischer, 2002 ff.

Bd. 1.1: Buddenbrooks. Verfall einer Familie

Bd. 5.1: Der Zauberberg

Bd. 15.1: Essays II. 1914–1926

Bd. 19.1: Essays VI. 1945–1950

Bd. 21: Briefe I. 1889–1913

Bd. 22: Briefe II. 1914–1923

Bd. 23: Briefe III. 1924–1932

Thomas Mann/Agnes E. Meyer: Briefwechsel 1937–1955. Hrsg. v. Hans Rudolf Vaget. Frankfurt am Main: S. Fischer, 1992.

Tagebücher. 10 Bände. Frankfurt am Main: Fischer Taschenbuch Verlag, 2003.

Thomas Mann

Der Zauberberg

Band 90124

Ein epochaler Roman, ein Roman, der aufs Ganze geht und es wagt, die eigene Zeit in Gedanken und große epische Zusammenhänge zu fassen – was heute vor allem von amerikanischen Autoren wie Richard Powers oder Philip Roth geleistet wird, haben die Autoren der Klassischen Moderne schon längst vorher durchgespielt. Wie klug und vergnüglich diese Autoren erzählen konnten, sieht man am Vorbild aller Epochen-Romane: an Thomas Manns berühmtem ›Zauberberg‹, in dem ein Davoser Lungensanatorium zur großen Weltbühne wird.

Fischer Taschenbuch Verlag

fi 90124 / 1

Thomas Mann

Der Tod in Venedig und andere Erzählungen

Band 90027

Thomas Manns Erzählungen sind vor allem eines: großartige und abgründige Liebesgeschichten. Der alternde Gustav Aschenbach zum Beispiel, den es nach Venedig treibt, verliebt sich an der schwülen Lagune hoffnungslos in den jungen Tadzio und bringt es auch dann nicht über sich, die Stadt zu verlassen, als die Cholera ausbricht ... Luchino Visconti hat die Melancholie und Sinnlichkeit des ›Tod in Venedig‹ kongenial verfilmt, Benjamin Britten hat sie vertont, und John Neumeier hat sie sogar getanzt.

Fischer Taschenbuch Verlag

fi 90027 / 1

Fischer Klassik

Mein Klassiker
Autoren erzählen
vom Lesen
Band 90001

Jane Austen
Stolz und Vorurteil
Band 90004

Giovanni Boccaccio
Das Dekameron
Band 90006

Karl Marx
Das große Lesebuch
Herausgegeben von
Iring Fetscher
Band 90002

Phantastisch zwecklos ist mein Lied
Deutsche Gedichte
vom Mittelalter bis zur
Klassischen Moderne
Band 90003

Honoré de Balzac
Die Frau von dreißig Jahren
Band 90005

Miguel de Cervantes Saavedra
Don Quixote von la Mancha
Übersetzt von Ludwig Tieck
Band 90007

Choderlos de Laclos
Schlimme Liebschaften
Übersetzt von Heinrich Mann
Band 90025

Dante Alighieri
Die Göttliche Komödie
Band 90008

Charles Dickens
David Copperfield
Band 90009

Fjodor Dostojewskij
Verbrechen und Strafe
Neu übersetzt von S. Geier
Band 90010

Das ausführliche Programm von Fischer Klassik
finden Sie unter:
www.fischer-klassik.de

Fischer Taschenbuch Verlag

fi 666 040 / 1 / a

Fischer Klassik

Sir Arthur Conan Doyle
Sherlock Holmes – Der Hund von Baskerville
Band 90066

Joseph von Eichendorff
Aus dem Leben eines Taugenichts / Das Marmorbild
Band 90011

Theodor Fontane
Effi Briest
Band 90012

Johann Wolfgang Goethe
Die Leiden des jungen Werthers
In der Fassung von 1774
Band 90013

Gottfried von Straßburg
Tristan und Isolde
Übertragen von Dieter Kühn
Band 90014

Brüder Grimm
Kinder- und Hausmärchen
Band 90015

Wilhelm Hauff
Das kalte Herz und andere Märchen
Band 90016

Heinrich Heine
Buch der Lieder
Band 90017

E.T.A. Hoffmann
Der Sandmann / Das Fräulein von Scuderi
Band 90018

Homer
Die Odyssee
Übertragen von Johann Heinrich Voß
Band 90019

Das ausführliche Programm von Fischer Klassik
finden Sie unter:
www.fischer-klassik.de

Fischer Taschenbuch Verlag

fi 665 040 / 1 / b

Fischer Klassik

Franz Kafka
Das Urteil /
Die Verwandlung
Originalfassung
Band 90020

Immanuel Kant
Zum ewigen Frieden
und andere Schriften
Band 90021

Gottfried Keller
Kleider machen Leute /
Romeo und Julia
auf dem Dorfe
Band 90022

Heinrich von Kleist
Michael Kohlhaas
Band 90023

Adolph Freiherr Knigge
Über den Umgang
mit Menschen
Band 90024

Heinrich Mann
Der Untertan
Band 90026

Thomas Mann
Der Tod in Venedig und
andere Erzählungen
Band 90027

Prosper Mérimée
Carmen und
andere Novellen
Band 90028

Michel de Montaigne
Von der Freundschaft
und andere Essais
Band 90029

Das Nibelungenlied
Mittelhochdeutscher Text
und Übertragung. Band 1
Band 90131

Das ausführliche Programm von Fischer Klassik
finden Sie unter:
www.fischer-klassik.de

Fischer Taschenbuch Verlag

fi 666 040 / 1 / c

Fischer Klassik

Das Nibelungenlied
Mittelhochdeutscher Text
und Übertragung. Band 2
Band 90132

Edgar Allan Poe
Der Untergang des Hauses Usher und andere Erzählungen
Band 90031

Friedrich Schiller
Die Räuber / Kabale und Liebe
Band 90032

Gustav Schwab
Die schönsten Sagen des klassischen Altertums
Band 90033

William Shakespeare
Hamlet
Übertragen von
August Wilhelm Schlegel
Band 90034

Sophokles
Antigone / König Ödipus
Band 90035

Theodor Storm
Der Schimmelreiter / Immensee
Band 90036

Mark Twain
Die Abenteuer von Tom Sawyer
Band 90037

Virginia Woolf
Mrs Dalloway
Übersetzt von
Walter Boehlich
Band 90038

Carl Zuckmayer
Der Hauptmann von Köpenick
Band 90039

Das ausführliche Programm von Fischer Klassik
finden Sie unter:
www.fischer-klassik.de

Fischer Taschenbuch Verlag

fi 666 040 / 1 / d